JN014940

Q&A

医療機関の
働き方改革

松田紘一郎【編著】
JPBM医業経営部【監修】

中央経済社

序

　「2025年問題」として，国家財政の緊迫化とともに，いわゆる「団塊の世代」がすべて後期高齢者となります。さらに少子化による生産世代の減少，高齢者の都市集中，独居高齢者・認知症高齢者の増加などのデータが社会保障，医療制度などの国家的課題として示され，さらに現役世代（担い手）の減少が最大となる2040年には，それらの課題がさらに加速することが示されています。

　それを受けた対応施策の1つとして，2015年9月に医療法の改正がなされ，医療機関相互間の機能の分担，業務の連携を推進するため，地域医療連携推進法人の認定制度を創設し，また，医療法人について，貸借対照表などに係る公認会計士などによる監査，公告に係る規定を整備することになりました。地域医療連携推進法人（以下「連携推進法人」という）は，地域において良質かつ適切な医療を効率的に提供するため，病院などに係る業務の連携を推進するための方針を定め，医療連携推進業務を行う一般社団法人であり，都道府県知事の認定を受け創設されます。

　さらに内部監査室の設置とともに，医師を含めた働き方改革が労働基準法などの改正により，一部が2019年4月1日から「36協定」の見直しなどが施行されています。
　一般社団法人　日本中小企業経営支援専門家協会（以下「JPBM」という）医業経営部は，「9士業」（弁護士，公認会計士，税理士，社会保険労務士など）の参加会員と士業以外の専門家の参加をえて関連企業の方々とともに1年以上にわたる勉強会を開催，知見を蓄積して，シンポジウムを行ったりしてまいりました。

　JPBMにはさまざまな研究テーマを持つ専門部がありますが，医業経営部は中央経済社のご支援のもとに過去3年の間，次のような実務書を発行してきました。

① 『医療法人制度改革・地域医療連携推進法人』　2017年 1 月10日発行
② 『地域医療連携推進法人の実務』　2017年10月10日発行
③ 『医療法人の経理規程』　2018年 7 月25日発行

　今回は，医療機関の働き方改革の課題・ポイント・実務対応を取り上げました。読者諸賢の見やすさを考え，Q&A方式・原則として見開き 1 面（ 2 頁）もしくは，見開き 2 面（ 4 頁）としてあります。なお法令用語は，なるべく正確なものとし，末尾に筆者名を示しました。

　働き方改革は，「職員満足」（SS：Staff（Employee）Satisfaction）に繋がるものであり，医療機関に働く医師を含めたStaff（職員）が，明確なアイデンティティーを持ち，それを推進していけば「三方よし」（その医療機関よし，職員よし，地域医療よし）に繋がる，近江商人の商いの理念，さらに石田梅岩の石門心学に繋がっていくものと確信しています。しかし，第 3 章で示しましたグローバリゼーションもからめた外国人材の受入れは，それを変化させていくことになりかねません。

　日本人のアイデンティティーの根幹が揺らぎ，その真価が試されていくことも考えられます。

　このような基本認識のもとに 5 章に分けたQ&Aによる実務書を上梓しますが，厚生労働省医政局の貴重な資料を掲載させていただき，かつ担当官から貴重なご教導をいただいたこと，先に示しました研究仲間などの研究成果の提供，中央経済社法律編集部・和田豊氏のご支援に感謝しております。

　この本を通して読者諸賢との出逢いに感謝しております。

2019年11月

JPBM　医業経営部

部長　松 田 紘一郎

目　次

コラム

「働きやすい職場」のあり方

この実務書は，医療機関（病院，診療所など）で働く医師を含めた専門職員の方々を，ここでは医療・経理理念やその方針を実現していくためのStaff：職員として（従業員，労働者ではない）位置付けていて，労働基準法などの改正による「働き方改革」のすすめ方を，従来型の施策によりQ&Aで示しております。

この第1章は，法令による働き方改革の前提（基盤）となる"当たり前"とも思われます「働きやすい職場のあり方」を，それぞれの末尾に示しました著者の専門的な知見をもとに次のように10項目のQ&Aに分けて示しております。

1 （1）スタッフの恒常的不足，基本的な対応
2 （2）医療機関の理念・イメージ
3 （3）「3S」の向上
4 （4）「三方よし」の実践
5 （5）コンプライアンス・医療法令の透明性
6 （6）専門スキルアップ・教育研修
7 （7）理事長・院長の行動見本
8 （8）職員の健康管理（宣言）
9 （9）人財の採用システム
10（10）離職防止の原因調査システム

働きやすい職場づくりは，ここに示しました10項目がすべてとは思われませんし，後の章のQ&Aで重複して掲載されることもありえます。各医療機関の地域医療におけるポジション・求められる医療機能や経営規模などにより異なり，さらに追加されるべき要素がありうることを付言いたします。

（G-Net　公認会計士　松田 紘一郎）

第1章 「働きやすい職場」のあり方

① スタッフの恒常的不足，基本的な対応

Q1 医療機関に働く医師・看護師・介護職員などの恒常的不足は避けられないものでしょう。当院は離職率が高く，現状でのその基本的な対応を教えてください。

■ポイント

> 恒常的不足状態は続いていくこと。そのためには3S（Q3）の充実とその地域での医療機関のあり方を見直し，定着率向上の積極的な対応と離職者調査をおすすめします。

 少子高齢化，独居認知症高齢者の増加，生産年齢人口の漸減（それらのデータは，他のQ&Aで示されておりここでは省略）が示されています。

それらを与件として，現状の対応を示します。

基本的には，地域医療提供のなかで，自院の医療提供ポジションを確立し，地域住民や自院で働く医師を含めた職員には働きがい，専門的能力の発揮を促し，自らが見本を示しながら実績を積み対外的にアピールしていくことでしょう。

それにより定着率が高くなり，離職率が下がっていくと信じています。

その具体的施策は，この第1章の「医療機関の理念・イメージ」，「3Sの向上」，「三方よしの実践」，「コンプライアンス・医療法令の透明性」，「専門スキルアップ・教育研修」，「理事長・院長の行動見本」および「職員の健康管理（宣言）」で示してあります。ここでは，それ以外に必要と思われます，第2章以降と重複するかも知れませんが2つの要素を示します。

その1 「風通しのいい職場」づくりをすること

職務分掌権限，稟議などの制度化も当然に必要ですが，医局を中心とする縦割り的組織に風穴を開け，相互に意思疎通ができうる施策を制度化すること。例えば，理事長（院長）とのランチ会，理事長（院長）へ直接意見が言える「ご意見」メール（制度）─秘密保持と必ず返事を出すことが前提─，院内研究発表会，地域ボランティア組織の編成と貢献，それらをホームページ等で広報すること。

その2 「退職職員マニュアル」により調査し改善し離職率対応をすること

職員の労働条件等には労働基準法等，その執行機関として労働基準監督署があり，労働争議に発展することもありえますが，労働基準監督署は，職員（労働者）を守るだけでなく，その常識外の要求に対し雇用側の病院・医院も守ることを教えてくれます。

いずれにしろトラブルを防止する手段として職員満足度の向上や離職率の低減のために，次のような手順で退職マニュアル（M）を策定，ルール化して誤りのない対応をすべきでしょう（Q10参照）。

「退職職員・退職原因等調査マニュアル」がないものと仮定します。

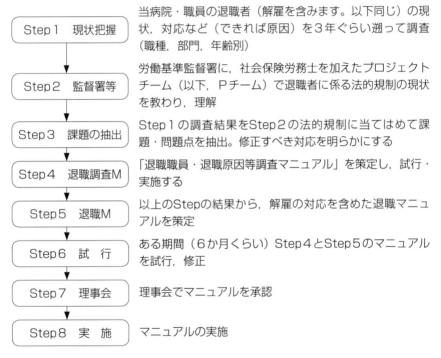

Step1 現状把握	当病院・職員の退職者（解雇を含みます。以下同じ）の現状，対応など（できれば原因）を3年ぐらい遡って調査（職種，部門，年齢別）
Step2 監督署等	労働基準監督署に，社会保険労務士を加えたプロジェクトチーム（以下，Pチーム）で退職者に係る法的規制の現状を教わり，理解
Step3 課題の抽出	Step1の調査結果をStep2の法的規制に当てはめて課題・問題点を抽出。修正すべき対応を明らかにする
Step4 退職調査M	「退職職員・退職原因等調査マニュアル」を策定し，試行・実施する
Step5 退職M	以上のStepの結果から，解雇の対応を含めた退職マニュアルを策定
Step6 試行	ある期間（6か月くらい）Step4とStep5のマニュアルを試行，修正
Step7 理事会	理事会でマニュアルを承認
Step8 実施	マニュアルの実施

（注）この手順は，主な項目をおおむね時系列的に示したもので，Stepが重複したり，逆になることもあり得ます。

ここでの調査のポイントは，退職の申し出（届出）から給与等の精算の期間に，他部門の役職者がシンパシーを保って実施「真実の退職理由」を明らかに

することです。

　紙面の都合もあり，退職事由調査マニュアルの一部を次に示します。

（退職事由）

第4条　職員が当法人をやめること（労働契約の終了）には，次の①と②の事由のうち，このマニュアルでは，①ロ及び②ロの2種を退職事由とする。

　①　退職

　　イ　契約期間の満了による退職

　　ロ　自己都合退職

　　ハ　定年退職

　　二　休職期間満了による退職

　　ホ　死亡退職

　②　解雇

　　イ　普通解雇（整理解雇を含む）

　　ロ　懲戒解雇

2　当法人の管理職（原則として，××級以上の者とする）は，前項の自己都合退職及び懲戒解雇がある場合，このマニュアルに従って処理する。

　なお，その管理職の退職については，所属部署の上長（以下，同じとする）が対応するものとする。

（面　談）

第5条　退職希望の職員，又は解雇相当の職員がその所属部署から出た場合，上長管理職は，面談に次の事項を記載し，その内容等を明らかにする。

　①　自己都合退職の場合

　　その退職事由，時期，引き留めるかどうかの判断，引き留め策など

　②　懲戒解雇の場合

　　その事案の内容，当法人に与えた（るであろう）損害の程度，期間，共犯者，このことについてどう思っているのか（反省の程度）など

2　前項第2号のケースの場合に面談者は2人とし，原則として，被面談者の了承をえて，録音をとるものとする。

（自己都合・退職届）

第6条　前条第1項第1号のケースの場合，原則として，その職種別の人員調整（追加採用など）の後，所属（院）長の了承をえて，本人自筆による退職届を受理する。

2　その届を受理後，別に定める退職原因調査マニュアルに基づいて，法人本部人事課職員が第5条第1項第1号の資料などにより面談調査し，院長に報告する。

　なお，退職届の受理，調査後に退職者に原本を返還する。

（回　収）

第7条　第5条第1項第1号のケースの終了後，退職確定日までに健康保険被保険者証，制服などの回収を行う。
（懲戒解雇の手続）
第8条　第5条第1項第2号のケースの場合，顧問弁護士と協議し，その事案の重さにより，理事会に諮るなどして，「特別調査チーム」を立ち上げたり，所轄警察署と連絡をとるものとする。
2　保証人などを確認，被害の拡大を防がなければならない。
（労働争議）
第9条　前条の規定により懲戒解雇が「著しく不当など」の理由により労働争議のおそれがある場合，顧問弁護士もしくは社会保険労務士と協議し，事案によっては労働基準監督署と相談するものとする。
（秘密保持）
第10条　このマニュアルに係わる当法人の役職員は，事案の秘密を厳守する。

　ここでは，スタッフの恒常的不足，基本的な対応として離職率低減を取り上げ，退職事由調査マニュアルの一部を示しました。
　これと類似するQ&Aを，「Q10　離職防止の原因調査システム」に示していますので参照してください。

（G-Net　公認会計士　松田 紘一郎）

第1章 「働きやすい職場」のあり方

(2) 医療機関の理念・イメージ

Q2 病院等に働く医師を含めた職員に誇りと，独自のアイデンティティーを持たせるための理念と，そのイメージを教えてください。

■ポイント

> 病院等で働く職員に，やさしい言葉で高次の「質」などの理念等を掲げて公表し，全院（員）で実践していくことは，SS（職員満足），CS（顧客満足）から高次のアイデンティティーに繋がります。

A **1 その体系**

　病院等で働く専門職を含めた職員（Staff）と，顧客（Customer）を軽視しては，経営が行き詰まり，やがて破綻にむかうことは必然と思われます。

　自然人である両者が最も多く接触するのは，病院等の医療現場であり，その接点を上位に，法令はそれを支え，規制する基盤と考えますと次のような図表が示されます。これは，病院長のみが実践ではなく，現場・職員の全員を巻き込んだ行動が必要であり，法令遵守を基盤に患者満足（CS）を上位とする次のような逆ピラミッドの考え方に立って取り組む必要があることを示しています。

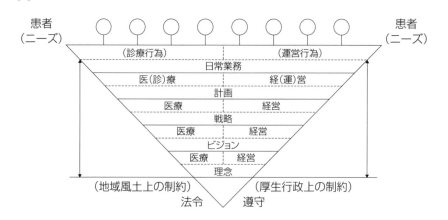

　医療・介護施設の理念や戦略展開のモデルは，一般的には理念を最上位としたピラミッド図表が用いられています。これに対して，逆ピラミッドは，顧客ニーズを最上位として全職員が日常的な業務で対応するのが普通であり，理念

はそれを支え，さらに戦略や計画が支える構成を基本として，「医（診）療」
の分野と「経（運）営」の分野に分かれて，診療行為，運営行為を行っていく
という考え方から成っています。そこで大事なことは，制約条件のなかで，法
令遵守と「質」の向上が基盤にならなければならないことです。

2　医療の質と介護の質

(1)　その本質

　質（Quality）はさまざまな視点から議論されており，確定した定義はない
といってもよいと思われますが，一般的には普遍的な水準よりも優れているこ
と，もう少し詳しく示すと，次のようになります。

①　質とは顧客の期待に常に応えるものであること
②　質の尺度は顧客の満足度であり，自己満足の度合いではないこと
③　目標は顧客の期待に常に100％応えるものであること

　つまり，顧客満足の充実の追求（マーケットインの思想）こそが医療の質の
向上につながるものであるとしており，「三方よし」（Q4）とやや異なるもの
となっています。

(2)　医療と福祉の質のちがい

　医療の質について，「技術的な要素」（医師等が持つ診断，診療等の技術），
「人間関係的な要素」，「医療提供の場」，3要素の相互作用という考え方もあり
ます。経済学者ドナベディアン（Donabedian, A.）は，図①（次頁）のような
"健康の回復度"を示し，実線（疾病の自然治癒経過）から一点鎖線（最良の
ケアによる疾病の治癒経過）にシフトすることが"医療の質"向上としていま
す。

　また，福祉サービスの質を定義することも困難ですが，一般的には"癒しの
環境づくりにより，利用者の満足を得ること"とされています。医療の質は疾
病の治癒が大前提ですが，高齢者福祉の場合，ADL（日常生活能力）レベル
で考えるべきであり，図②のように考えるのが望ましいでしょう。

　日常生活能力（ADL）を配慮して図①を修正すると図②のようになりますが，

ドナベディアンの健康の回復度と異なり，高齢者福祉サービスでは，"自然的な治癒力"は期待できず，放置すれば（自然に任せれば）ADLの要介護レベルは確実に悪化し，最良のケアをしても，その向上は微増にとどまるはずです。このように医療の質と福祉の質は，その対象（客体）の違いにより異なります。

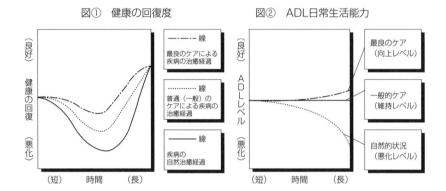

図① 健康の回復度　　　　　　図② ADL日常生活能力

つまり（高度）医療の病院と介護施設等では求められる質が違ってくることを示しており，理念の創設に注意が必要です。

3 徹底化マニュアル

ここで理念の一般的な徹底化マニュアル（一部）を次に示します。

（目　的）
第1　このマニュアルは，当法人・当病院ならびに介護施設の，次の病院理念を全職員へ周知徹底することを目的とする。
〔理　念〕
　〔私たち全ての職員は，安心安全で質の高い医療介護サービスを提供します。〕
（体　系）
第2　このマニュアルの理念を実践化するため，理念を次のような大系に分ける。

　　理　念 ┬→ 医療理念 ──→ 医療方針（ビジョン）
　　　　　　└→ 経営理念 ──→ 経営方針（ビジョン）

（定　義）
第3　このマニュアルでの次の用語を定義化する。

① 理念　当法人の医療提供施設としてのあり方を示す形而上の概念を表現したもので，医療理念と経営理念に分かれ，さらにそれが医療方針と経営方針により具体化される。
② 医療理念　理念のうち医療分野の形而上の概念を示したもので，医療提供サービスの変化により原則として3年毎に見直す。
③ 経営理念　理念のうち経営分野の形而上の概念を示したもので，医療提供サービスの変化と外部環境（厚生行政の施策等）の変化により3年毎に見直す。
④ 医療方針　医療理念を受けて当年度の医療介護提供サービスの具体的な医療方針を示すものであり，経営計画・予算等に反映されるものとする。
⑤ 経営方針　経営理念を受けて当年度の法人としての医療介護提供サービスの具体的な経営方針を示すものであり，経営計画・予算等に反映されるものとする。

（印刷物）
第4　当法人の印刷物等（名刺，封筒，パンフレット，案内，看板など）には，原則としてロゴ・マークとともに理念を示すこととする。

（掲　示）
第5　理念は，医療理念・経営理念及び医療方針・経営方針とともにホームページのほか，次の施設内・部署で掲示する。
　① 会議室，応接室
　② 理事長室，各施設長室
　③ 待合室，検査室待合室

（入職者）
第6　当法人への医師を含む入職者（新卒，中途採用者）には，ホームページの理念を示し，その意味等を教育・研修しなければならない。なお，部門研修等でもそれに準ずるものとする。

（朝礼・終礼）
第7　当法人の朝礼，終礼には，そのリーダーが理念を読み上げ，参加者もそれに唱和するものとする。

（G-Net　公認会計士　松田 紘一郎）

第1章 「働きやすい職場」のあり方

③ 「3S」の向上

Q3 医療機関などに「3S」（3つのSatisfaction）が重要と言われますが，その内容などについて教えてください。

■ポイント

> 「3S」とは，顧客満足（CS），職員満足（SS），および地域満足（CS）の3つをいい，相互に関連する重要な概念ですが，ここでは「SS」も中心に取り上げます。

A

1　3つの満足度経営

　医療・介護施設の運営で最も大事なことは，満足度経営の推進であり，その対象は次の3つであると考えられます。その顧客満足度の1つである患者ニーズ・患者満足を最上位に考え，Q2で示しました法令遵守（コンプライアンス）を基盤とすべきヒエラルキーは先に示しました。

（A）顧客満足　（Customer　Satisfaction）
（B）職員満足　（Staff　Satisfaction）
（C）連携先満足（Client　Satisfaction）または地域医療行政（Community）

つまり"3S（Satisfaction）経営"の充実が，これからの医療・介護施設経営の最も重要なファクターになり，人手不足の恒常化により，（B）が注目を集めています（（C）は，Q4で取り上げますので，ここでは省略）。

2　「顧客満足」の充実

　サービス業における顧客満足は，理念に基づく職員の対応の良さを基盤に次の5要素に優（エクセレント）をとることだと思われます。

要素 適用	一般的な要素			医療・介護の固有要素	
	早い	安い	上手い	環境づくり	医療安全
医療介護 への適用	あらゆる部署で"待たせない"こと	サービスの良さに対し"相対的"に安いこと	診療技術・看護・介護水準等が高いこと	清潔で癒しの環境づくりがあること	医療安全に最大の配慮がなされていること
	商い理念のもと，すべての職員の対応が良いこと				

　なお，医療・介護の顧客は，提供される医療・介護サービスの消費者

（Consumer）であり，患者・療養者・利用者およびその家族とみることができます。

3　「職員満足」の充実

　医療・介護施設で働くすべての専門職職員が，その職場（業務）に"働きがい，生きがい"を見いだす職員参加型経営が実現（それに向けた努力も含む）していることを職員満足といい，次のように列挙して示す施策が必要となるでしょう。

- ・高次の理念があり，トップの行動見本等によりそれが実践されていること
- ・トップとの意思疎通の場があり「風通しの良い」職場であること
- ・経営計画・方針等が職員にも明示され実施されていること
- ・賃金が相対的に高く，人事考課等が透明なこと
- ・功績評価等が公平・透明になされていること
- ・意思疎通（内部コミュニケーション）が図られるよう組織が整備され活発化していること
- ・勤務体制・システムが公平・透明で偏りがないこと
- ・第三者機関評価の認定等により「質」が高いこと
- ・職員のための作業環境が良いこと
- ・職員の健康保持のため，さまざまな施策があること
- ・コンプライアンス，医療安全等の患者満足の施策が充分になされていること
- ・経営実績，医療データなどが開示され「透明性」が高いこと
- ・職員のニーズを汲み取る教育訓練が計画的になされていること

　これらの施策のさまざまな組み合わせと複合化，さらに「働き方改革」の充実が，職員の"働きがい"を助長し，働きやすい職場になっていくことになるでしょう。

（G-Net　公認会計士　松田 紘一郎）

④ 「三方よし」の実践

Q4 最近，医療機関などの連携・提携の推進のなかで「三方よし」ということを聞くようになりました。その意味や展開のしかたについて教えてください。

■ポイント

> 「三方よし」は，近江商人の商理念の基準をなすもので「自院よし」，「提携先よし」（ここで終わればWin-Win），さらにそれにより「地域医療よし」に展開することをいいます。

A 滋賀県・琵琶湖の東岸の近江地方は，古来，京や大坂（おおざか）を結ぶ流通の拠点であり，織田信長などの保護，「楽市・楽座」により，「物」を動かす（流通）商いの理念として，次のような「三方よし」を基盤（繁栄する商売の基本原則）とする近江商人が出現し，全国に広がりました。

原点	地域医療への展開
・「売り手よし」	自院が質の高い医療・介護を提供し繁栄すること
・「買い手よし」	患者もそれを受けることにより生命・健康を維持できること
・「世間よし」	結果として地域住民（医療）に貢献していくこと

江戸時代の中期になりますと石田梅岩という哲学者が「石門心学」（せきもんしんがく）により，それを体系化しました。

近江商人は，三越・住友財閥などを輩出していますが，代表的な人物である天秤担ぎの行商人から始めた伊藤忠兵衛（1842年8月7日～1903年7月8日享年60歳，伊藤忠商事：丸紅の創始者）は，終身雇用制と年功序列制を基盤に，利益を次の3つに分けることを基本として経営しました。

イ．経営者への配当

ロ．奉公人への報酬

ハ．将来への蓄え

この考え方（方針）は，百数十年に及ぶ「日本型経営」のモデル的な原点となったはずですが，ロとハが明示されていることに注目すべきでしょう。

経済のグローバル化が国境を越えてなされていく現代での終身雇用と年功序列は修正が必要ですが，「利益」の3つのステークホルダーへの配分は現代に充分に耐えられるものと思われます。

　基盤となる「三方よし」は，次に例示して示すようにさまざまに形を変えて現在に適用しうるものです。

（例1）事業承継・M＆A

　　イ　売り手よし　…譲渡側・理事長のハッピーリタイアメント

　　ロ　買い手よし　…譲受側・新経営者の経営手腕の発揮による再生

　　ハ　世　間　よし　…それにより患者・地域医療の持続・発展

（例2）ODA：政府開発援助

　　イ　「売り手」よし　…ODAの基準を満たす活動・支援ができること

　　ロ　「買い手」よし　…ODAの対象施設等を創設し活用ができること

　　ハ　「世　間」よし　…その国の医療福祉の質と効率化に貢献できること

　そのためには，まず働く人の活性化と透明性の高い支援とシステムづくりが条件になっていくと思います。

　「三方よし」は，Win－Winの取引だけにとどまらない深い含蓄を持った「商いの道」と考えていますが，グローバリズムのなか，資金力（量）と徹底した効率化を誇示する大陸・欧米やアングロサクソン流の利益を上げ，配当性向の極大化（株主還元）経営が主流となりつつあることは否定できないと思われます。しかし「三方よし」は，わが国の非営利を基盤とする医療界に最も適合する「道」と思われます。

（G-Net　公認会計士　松田 紘一郎）

⑤ コンプライアンス・医療法令の透明性

Q5 医療機関のコンプライアンスをはじめとして，医療法令などに透明性が求められてきています。その内容，必要性について教えてください。

■ポイント

> 医療機関のコンプライアンス（法令遵守）は，理念・方針の基盤となるもので，経営実態・財務などの実績の公表，つまり透明性の確保は，そこに働く職員に誇りと働きがいを持たせるはずです。

A

1　コンプライアンスとは

　　医療機関の開設主体には，さまざまなものがありますが，医療法人経営であれば理事長やその施設管理者である院長もしくは施設長も管理責任者として経営の一翼を担うはずであり，ここでの経営者（トップマネジメント）は，理事長もしくは院（施設）長とみるべきでしょう。

　経営者を頂点とし現場職員までのヒエラルキーの中で，医療・介護施設がそれぞれの専門性を発揮し，動かされていることは間違いありませんが，当然ながら“人の生命・健康に直接関わり合う”施設としてさまざまな規制，つまり各種の法令が存在します。

　ここで法令とは，一般に狭義に考える場合，「法律」（例えば，医療法）を指しますが，広義には「法律」，「政令」，「省令」（例えば，医療法施行令，医療法施行規則），「告示」および「通知」（例えば，医政局長通知，医療経営支援課長通知）を含むものがありますが，ここでは広義をとっています。

　さらに，近時，医療法人の内部統制の強化により定款（寄附行為）まで含むものとされるようになっています。

2　施設内での確立

　遵守すべき法令について，主なものの一部を示しましたが，他の法律，例えば，民法や刑法などが含まれることはいうまでもありません。

　法令遵守は，経営者の人生観・理念などに基づいて施設内の高次の理念とヒエラルキーの基盤となるもので，その体系イメージはQ2で示してあります。

　さらに，「働き方改革」で，ハラスメントや内部通報（者）保護制度への積極的対応が求められ，さらに職員等への「透明性」の確保が求められているの

で注意が必要でしょう。

3　主な法令・条文内容一覧

法　令	条　文	内　容
医師法	第17条	医師でなければ，医業をなしてはならない。
医療法	第3条　第1項	疾病の治療（助産を含む。）をなす場所であって，病院又は診療所でないものは，これに病院，病院分院，産院，療養所，診療所，診察所，医院その他病院又は診療所に紛らわしい名称を附けてはならない。
	第2項	診療所は，これに病院，病院分院，産院その他病院に紛らわしい名称を附けてはならない。
	第41条　第1項	医療法人はその業務を行うに必要な資産を有しなければならない。
	第2項	前項の資産に関し必要な事項は，医療法人の開設する医療機関の規模等に応じ，厚生労働省令で定める。
	第54条	医療法人は，剰余金の配当をしてはならない。
医療法施行規則	第30条の34	医療法人は，その開設する病院，診療所又は介護老人保健施設の業務を行うために必要な施設，設備又は資金を有しなければならない。
医療法人制度について（平成19年3月30日　医政発第0330049号　厚生労働省医政局長）（一部）		6　医療法人の資産要件の見直しについて (1)（医療法人法施行）規則第30条の34の規定は，医療法人の資産要件として定められてきた自己資本比率に関する要件を廃止することとし，病院，診療所又は介護老人保健施設を開設する医療法人は，開設する病院，診療所又は介護老人保健施設に必要な施設，設備又は資金を有しなければならないものとしたこと。 (2) 医療法人の施設又は設備は法人が所有するものであることが望ましいが，賃貸借契約による場合でも当該契約が長期間にわたるもので，かつ，確実なものであると認められる場合には，その設立を認可して差し支えないこと。 　ただし，土地，建物を医療法人の理事長又はその親族等以外の第三者から賃貸する場合には，当該土地，建物について賃貸借登記をすることが望ましいこと。 　また，借地借家法（平成3年10月4日法律第90号）に基づき，土地，建物の所有権を取得した者に対する対抗要件を具備した場合は，賃貸借登記がなくても，当該土地，建物の賃貸借を認めても差し支えないこと。 　なお，賃貸料については，近隣の土地，建物等の賃貸料と比較して著しく高額なものである場合には，法第54条（剰余金配当の禁止）の規定に抵触するおそれがあるので留意されたいこと。
医療法人運営管理指導要綱	Ⅰ-2-(3)	(備) 医療法人と関係のある特定の営利法人の役員が理事長に就任したり，役員として参画していることは，非営利性という観点から適当でないこと。
	Ⅲ-2-6	6. 現金は，銀行，信託銀行に預け入れ若しくは信託し，又は国公債若しくは確実な有価証券に換え保管するものとすること。（売買利益の獲得を目的とした株式保有は適当でないこと）。
	Ⅲ-2	7.（備）賃借料は近隣の土地，建物等の賃料と比較して著しく高額でないこと。

（G-Net　公認会計士　松田紘一郎）

⑥ 専門スキルアップ・教育研修

Q6 職員（Staff）と幹部職員の育成・スキルアップが大事だと思います。その体系，すすめ方の種類などを教えてください。

■ポイント

> 職員満足度（SS）の充実のため，幹部職員とともにスキルアップの体系に従って実施すべきです。

1 職員の教育研修

(1) 趣旨・手順

　教育研修は，医療の質の向上，患者サービスの向上の他に職員のスキル向上，自己啓発を図るために必要です。さらに職員満足度の充実という視点を加えて必要不可欠のもので，理事会，社員総会で「事業計画」ならびに「予算」に盛り込んだうえ，教育研修担当者を任命（できない場合は兼務）し，専任的な業務の一環として計画に実施すべきで，その一般的な教育研修システムの手順を次に示します。

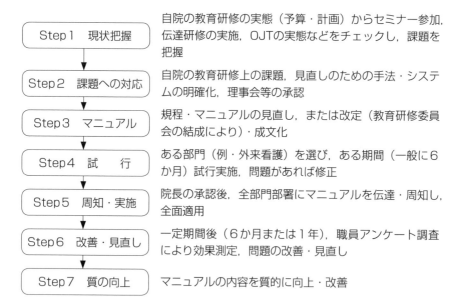

Step 1　現状把握	自院の教育研修の実態（予算・計画）からセミナー参加，伝達研修の実施，OJTの実態などをチェックし，課題を把握
Step 2　課題への対応	自院の教育研修上の課題，見直しのための手法・システムの明確化，理事会等の承認
Step 3　マニュアル	規程・マニュアルの見直し，または改定（教育研修委員会の結成により）・成文化
Step 4　試　行	ある部門（例・外来看護）を選び，ある期間（一般に6か月）試行実施，問題があれば修正
Step 5　周知・実施	院長の承認後，全部門部署にマニュアルを伝達・周知し，全面適用
Step 6　改善・見直し	一定期間後（6か月または1年），職員アンケート調査により効果測定，問題の改善・見直し
Step 7　質の向上	マニュアルの内容を質的に向上・改善

　自己申告制による目標管理や業績評価システムは人材育成に密接につながる

ものですが，それ自体が膨大な体系であり，確立した教育研修システムのもとにそれを向上，拡充することを目的に組み込むべきでしょう。

(2) すべての職員が対象

ISO9001では，次の5点の実施を要求しています。

イ．すべての職員に対して，必要な力量を明確にすること

ロ．必要な力量がもてるように教育・訓練し，または他の処置をとること

ハ．教育・訓練または他の処置の有効性を評価すること

ニ．職員が自らの活動のもつ意味と重要性を認識し，品質目標の達成に向けて自らどのように貢献できるかを認識することを確実にすること

ホ．教育・訓練・技能および経験について該当する記録を維持すること

(3) 一般的な体系（案）

教育研修の対象は，「すべての職員」で，その向上目標となる「力量」（知識・技法のほか，それを実務に実践する能力）を明らかにすることが求められています。

階層 ＼ 研修内容	仕事への取り組み方	サービスマナー・接遇	仕事の教え方	仕事の定石	コミュニケーションI	管理の基礎I	管理の基礎II	プレゼンテーションI	人材アセスメント	評価者訓練	問題解決I	問題解決II	問題・課題形成	リーダーシップI	目標管理	創造性開発	組織開発・人材開発	財務会計	管理会計	ビジョンマネジメント	経営戦略
新入職員	◎	◎			◎																
新入職員フォローアップ	◎	◯			◯																
主任クラス			◎		◎	◯								◯							
課長クラス			◎	◯	◯	◎		◯						◎		◯					
リーダークラス					◯	◯	◯				◎			◎	◎						
（マネジメント能力開発）						◎	◎		◎				◎	◎							
新任管理職									◎					◎	◎		◯				
部長クラス									◎					◎	◎	◎	◎	◯	◯	◯	◯

(注) ◯印は推奨，◎は必須

その意味からもすべての職員の"自己申告制度"（目標と評価を含む）が，重要な意味を持つものとなります。ここでは，一般的な階層別教育研修の体系（案）を示します。

(4) 教育研修の優先度

階層別の教育研修のほか，それぞれの職員に教育研修で何を取り上げるのかは自院の課題等の取り上げ方によりますが，次のような採点の前提となる判定表を用いるとよいでしょう。

課題・優先づけ判定表

その課題							
項目	内　容	評　点					備考
		1	2	3	4	5	
1．重要性	現在，その問題が当院や職員に具体的にどのような重要な影響をもたらしているか。						
2．緊急性	その問題は，いつまでそのままにしておけるのか。放置しておくと損失が大きくなり，緊急に手を打つ必要があるのか。						
3．有効性	その問題に対する手段の達成は，どの程度，課題の解決に有効であるか，または影響を与えるか。						
4．実現可能性	その問題の解決に努力，あるいは力を集中することにより，どの程度，実現（解決）が可能となるか。						

（注）「5点」：最も高い（優れた）影響を与える，「3点」：普通，「1点」：ほとんど影響ない

2　幹部職員のスキルアップ

(1) 一般的な考え方

病医院で院長を支える事務長や看護師長などミドルやロアー層の育成は必要

不可欠なことと思います。

医療機関には，国家資格を持つ優れた専門職が大勢いますが，その専門職の幹部職員およびそれを率いる一般幹部職員の育成が遅れているのが通例でしょう。

管理職（ミドル層・ロアー層）は，病院の管理（Management）を行う者であり，院長・理事長の命を受けて，人（部下）を通して仕事の成果を挙げることが期待されています。

ア　管理職の目的……その部門の目標達成のため

イ　管理の対象………その部門での人・物・金などの経営資源を使う

ウ　管理の方法………その部門の対象を効果的・効率的に活用する。

持続と改善の進化プロセス

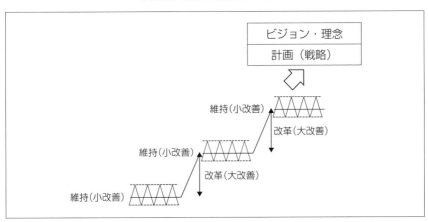

自己の部門でこのようなア，イ，ウの管理をし，維持（小改善）から，改革（大改善）をするのが管理職の役割なのです。管理職の機能は，このように維持と改善の深化をPDCAのサイクル（特に管理職はプロセスレベルのPDCAサイクル）を回すことおよび機会損失を最小限にすることも含めた費用対効果の極大化にあり，具現化する能力である力量の向上が求められます。

医療機関の代表的部門である看護部の管理職，看護師長を例にとり，管理職の具体的役割を次に示すことにします。

3 管理職の具体的役割—看護師長の役割を例に

(1) 業務管理

① 当法人における看護部の役割を理解し，他部門などと調整しながら看護計画を立てる。

② 看護計画を具体化するため，四半期，月次に分けて実行計画を立てる。

③ 部門計画が個人計画（目標）まで下ろされ，看護計画と個人目標を調整統合させる。

④ 計画倒れにならないよう，四半期，月次ごとにチェックする。

⑤ 安全管理や突発的リスクなどに適切に対応している。

(2) 業務改善

① 看護業務でのクレームやトラブルは，改善の種と考え，根本的，組織的な対応策を立てている。

② 改善のための手法（例，5W1Hの展開など）を身に付け活用している。

③ 改善課題が自己責任（自責・自分自身もしくは自己に基因するもの）と，それ以外の他責に区別され，自責の課題は自主的に改善している。

(3) 人材育成

① 看護業務に必要な知識・技能の研修を定期的に行っている。

② 組織人として資質を高めるため，理念・ビジョンや職場規律など，経営的見方を常に学んでいる。

③ 自己申告を通して，法人目標・看護部目標を常に把握，自己目標を管理しキャリア開発を進めている。

(4) 組織活性化

① 患者と直接的に接する職種として，ピラミッド型で示される理念・戦略が日業務活動の中に生かされている。

② 朝礼・ミーティング・カンファレンスなどの意思疎通の場が持たれ，業務改善に役立たせている。

4 幹部職員の教育研修のあり方

(1) 目　的

① 各部門機能および経営単位組織の運営に携わる部門責任者として，部門全般の動向に精通し，直面する経営課題と将来にわたる部門方針について，責任当事者としての立場から適宜，精度の高い判断を下せるよう能力を涵養する。

② 内外の経営環境変化への適合を図りながら，経営理念に基づいて組織力を結集していくために，部門の中で明確な目標・方針を提示方向付けできるトータルなバランス感覚を身に付ける。

③ よりグローバルな視点からの情報感度を高め，ヘルスケアサービスの高度化に向けて明確な課題を提起・具申すると同時に，組織化へ結び付けるマネジメントセンスを磨く。

(2) カリキュラム

領域	内容（項目のみ）	
経営戦略	① 環境変化と病院経営 ② 病院経営と経営戦略 ③ 戦略経営とは何か	④ 外部環境分析と内部環境分析 ⑤ 経営戦略策定
ビジョンマネジメント	① ビジョンマネジメントの定義 ② 経営環境の洞察 ③ 「価値観構造」の洞察 ④ 自部門ビジョンの構築	⑤ 戦略課題の発想 ⑥ ビジョンの浸透 ⑦ 次年度目標設定
管理会計	① 会計の概念 ② 予算管理と責任会計システム	③ 意思決定会計 ④ 設備投資の経済的計算
財務会計	① 財務諸表分析 ② 利益計画と予算管理	③ 採算計画と意思決定
経営開発 人事開発	① 組織力の検討 ② 問題把握力 ③ 方策案の創出	④ コミュニケーションと影響力 ⑤ 人材開発マネジメント
創造性開発	① 創造力の発揮と創造技法 ② 創造技法の実際Ⅰ ③ 創造技法の実際Ⅱ	④ 創造技法の生かし方 ⑤ イノベーティブ・マネジャー
目標管理	① 目標管理と管理者の役割 ② 目標設定の考え方と進め方	③ プロセス管理と検討・評価

（G-Net　公認会計士　松田 紘一郎）

(7) 理事長・院長の行動見本

Q7 理事長・院長など組織の上に立つ者がとるべき行動見本について教えてください。

■ポイント

> 病医院等の組織の上に立つ者には，西洋流の"noblesse oblige"が格言としてありますが，「上から目線」との批判もあり，言葉遣い，ヤッて見せることなどさまざまです。

A　1　一般形而上的

　組織の上に立つ人に，西洋（フランス発祥）の格言でnoblesse oblige（ノーブレス オブリージ：以下「no」という。：高貴なる地位にある者の義務）という格言がありますが，表面的・形而上的には肯定できると思います。

　しかし，形而上的な地位を保持しつつも，それに伴う義務を果たさないという貴族的思考，つまり「上から目線」で庶民を見下すという欠点も指摘されています。

　医療機関のトップは，ほとんどが医師で，2年の臨床義務化期間を加えますと「一人前の医師」のスタート台に立つ（この後に国家試験で医師）には，8年の育成期間があり，その後も専門医認定のスキルアップもあり「現代の貴族」といってよいと思われます。

　医師でトップの方々の能力は，次に示します。

イ　医師として技能を保持し，最新の情報に敏感なこと

ロ　組織を動かすリーダーシップを持っていること

ハ　厚生行政の動向に常に留意し，変化に対応すること

ニ　医療機関が公的・社会的存在であり，私的なものではないという自覚が常にあること

ホ　患者と職員のニーズに注意を払い，組織を微調整していくこと

ヘ　地域医療に貢献するため，連携・提携の実践をしていくこと

ト　高い識見と穏やかな言動により，他から尊敬をうること

　順不同で医療機関トップの能力を列挙して示しましたが，異論もあるかも知れません。しかし，少なくとも「no」的要素はありません。

2 嫌われるトップの対応

一般的に，嫌われるトップの対応としては，以下のようなものがあります。

イ 「オレは偉い」が言葉・行動の端々に出ること

ロ 挨拶ができない

ハ 他「人」の意見を聴かない。または，すぐ否定すること

ニ 会議のルールを無視，一人で喋りまくり，結論を決めていること

ホ 病医院のMS法人（関係事業者）による私物化，報酬が不当に高額であること

ヘ ハラスメントを実践，バレていないと能天気でいること

ト 診療報酬を計上できない部門（例：事務系）を圧迫，必要な人材の不足で危機（リスク）が内在していること

いずれも，人としての人間性の基本（人柄）にかかわるものですが，一般的に医師はディベート（debate：客観的事実等について，二者が議論すること）には，慣れて習熟されていると思われます。

しかし，これを医療の現場で用いられると，相手は萎縮し，いわゆる「上から目線」と言われかねません。

ここでは，実践心理学から生まれたコーチング（coaching）をおすすめします。

コーチングとは，対話を通じて相手が目標（目指すもの）を達成することを支援することで，人材育成や組織活性化の手段として注目されています。

（G-Net 公認会計士 松田 紘一郎）

⑧ 職員の健康管理（宣言）

Q8 企業の中には「ブラック企業」と位置付けられ，その長時間労働など
が追及されているものもあります。ここでは，その反対施策となる職
員の健康管理（宣言）のしかたと展開について教えてください。

■ポイント

> 「職員の健康は，法人の誇り」をモットーに，法人全体で健康づ
> くりを宣言すること。協会けんぽ認定で「銀」から「金」を得て，
> 経済産業省の認定を得ていくステップアップがあり，「健診」と
> その「支援」が中心であり，大きなビジネスチャンスに気付くべ
> きです。

A 1 健康企業（法人）宣言は，事業主に「企業（法人）全体で健康づ
くりに取り組む」ことを宣言していただき，事業所が中心になって，
「職員の健康は企業の誇り，活気ある職場は職員の健康づくりから」をモッ
トーに，事業所（病院）が中心となった次のような健康づくりをサポートし，
職員が健康で元気に働く職場をつくる経営スタイルの1つです。

　イ　生産性の向上…………モチベーションと業務効率の向上

　ロ　負担の軽減……………疾病手当の支払減，健康保険料の負担減

　ハ　イメージアップ………対内，対外に対しイメージの向上

　ニ　リスクマネジメント…事故等，労災事故防止

　この制度は，全国健康保険協会（協会けんぽ）の「健康経営アドバイザー制
度」と連携（各地の商工会議所）していますが，パンフレットやインターネッ
トによる広報活動を上手に使われることにより「イ」および「ハ」によって業
容の拡大には確実に繋がると思います。

健康企業宣言（Step1）から認定までの手順

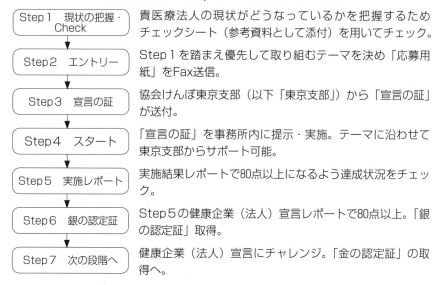

Step1　現状の把握・Check	貴医療法人の現状がどうなっているかを把握するためチェックシート（参考資料として添付）を用いてチェック。
Step2　エントリー	Step1を踏まえ優先して取り組むテーマを決め「応募用紙」をFax送信。
Step3　宣言の証	協会けんぽ東京支部（以下「東京支部」）から「宣言の証」が送付。
Step4　スタート	「宣言の証」を事務所内に提示・実施。テーマに沿わせて東京支部からサポート可能。
Step5　実施レポート	実施結果レポートで80点以上になるよう達成状況をチェック。
Step6　銀の認定証	Step5の健康企業（法人）宣言レポートで80点以上。「銀の認定証」取得。
Step7　次の段階へ	健康企業（法人）宣言にチャレンジ。「金の認定証」の取得へ。

（注）① ここでは，第1段階（銀レベル：Step1）の主な概要を手順として示しました。
　　　② すべての医療法人（診療所，病院）および個人立の病院・診療所に適用可能。

2　自己採点の配分

健康企業宣言Step1採点表　　※順番③〜⑱は継続実施6か月以上

取組分野	設問		採点基準／考え方	
	順番	内容		
健診等	①	従業員の皆様は健診を100％受診していますか？	（基準値）	・事業者健診（定期健診や雇入れ時健診など）または生活習慣病予防健診のいずれかを受診した人数／従業員数（健診対象者）＝人／人 ⇒　 ％
			（採点基準）	【80％以上→20点，79％〜50％→10点，49％以下→1点】
	②	40歳以上の従業員の健診結果を，協会けんぽへ提供していますか？	（基準値）	・健診結果を協会けんぽへ提供した人数／40歳以上の従業員数（協会けんぽ加入）＝人／人 ⇒　 ％
			（採点基準）	【80％以上→20点，79％〜50％→10点，49％以下→1点】
			※留意点	・生活習慣病予防健診→自動的に結果が提供される事業者健診→同意書の提供があれば40歳以上該当者分カウントができる（□同意提出あり □同意提出なし □今回同意書提出）

	③	健診の必要性を従業員へ周知していますか？	（採点基準）	・健診の案内・勧奨を行っており，健診の必要性（予防・未病等）や受診義務（労安法・高確法），健康増進への対応（健診後の検査・指導等）が周知されていれば →5点 ・健診の案内・勧奨を行っており，それによる健診受診の必要性等について意図が周知されていれば →3点（例：健診は大事です。健診を受けましょう。など） ・上記以外 →1点
健診結果の活用	④	健診結果が「要医療」など再度検査が必要な人に受診を勧めていますか？	（採点基準）	・該当者個人に向けた勧奨文書・案内等があれば→5点 ・該当者一部の個人あるいは該当者全体に向けた勧奨文書・案内等があれば →3点 ・上記以外 →1点
	⑤	健診の結果，特定保健指導となった該当者は，保健指導を受けていますか？	（基準値） （採点基準）	・特定保健指導を受けた人数／特定保健指導対象者数（協会けんぽから案内のあった対象者）＝人／人 ⇒ ％ 【50％以上→5点，49％～30％→3点，29％以下→1点】 ・特定保健指導のみ評価。保健指導や健康面談等は非該当。 ・対象者が0の場合，対象者発生時に受けさせる意思があることが確認できれば，5点として評価可
健康づくりのための職場環境	⑥	職場の健康づくりの担当者を決めていますか？	（採点基準） ※留意点	・文書内に健康づくりの担当者名が記載されていれば →5点 ・上記以外 →1点 ・担当となった時期を確認する
	⑦	従業員が健康づくりを話し合える場はありますか？	（採点基準）	・議事録あるいは会議資料として，健康づくりが議題・テーマとなっていることが把握できれば →5点 ・上記以外 →1点
	⑧	健康測定機器等を設置していますか？	（採点基準） ※留意点	・事業場内に健康測定機器が設置されていることが把握できれば →5点 ・上記以外 →1点 ・体組成計，血圧計，アルコールチェッカー，ウォーキングマシーン，足つぼマットなど。体温計は設置だけでは×，従業員に周知までして○
	⑨	職場の健康課題を考えたり問題の整理を行っていますか？	（採点基準）	・安全衛生委員会などの健康づくりに関する会議の議事録あるいは会議資料として，自社の健康づくりの問題点として一覧化されていれば →3点 ・安全衛生委員会などの健康づくりに関する会議の議事録あるいは会議資料として，自社の健康づくりの問題点が記載されていれば →2点 ・上記以外 →1点（世間・一般の問題点では，1点）

	⑩	健康づくりの目標・計画を立て,実践していますか?	(採点基準)	・健康課題や問題整理により,健康づくりの目標が立てられ,かつその目標に向けた計画書(安全衛生計画等に組み込まれたものを含む)やスケジュールが存在(PDCAあり)→3点 ・健康課題や問題整理により,健康づくりの目標は立てられている,または計画書(安全衛生計画等に組み込まれたものを含む)やスケジュールが存在(PDCA一部分のみ)→2点 ・上記以外 →1点
職場の「食」	⑪	従業員の仕事中の飲み物に気をつけていますか?	(採点基準)	・配布資料や掲示物として,飲み物に関する情報提供(カロリー表示も含む)が行われている記載があるカロリー表示あり →3点,カロリー表示なし →2点 ・健康づくりを目的として,ミネラルウォーターやお茶等の設置及び摂取の周知等が行われている 健康づくり目的 →3点,健康づくり目的ではない →2点 ・上記以外 →1点
			※留意点	・目的が異なる取組み(単なる水分補給の勧奨(夏場)など)は× →1点
	⑫	日頃の食生活に乱れがないか声掛けをしていますか?	(採点基準)	・配布資料や掲示物として,食生活(や飲酒)に関する情報提供が社内全体に行われた実績が把握できれば →3点 ・配布資料や掲示物として,食生活(や飲酒)に関する情報提供が社内の一部あるいは特定の店舗に行われた実績が把握できれば →2点 ・上記以外 →1点
職場の「運動」	⑬	始業前などに体操やストレッチを取り入れていますか?	(採点基準)	・文書や掲示による勧奨を行い,勤務時間中あるいは前後に時間を決めて全員が体操やストレッチを実践する取組みを実践していれば(勧奨と実践)→3点 ・文書や掲示による勧奨のみ,または勤務時間中あるいは前後など時間不定期で体操やストレッチを各々実践することを推奨していれば(勧奨のみ)→2点 ・上記以外 →1点
	⑭	階段の活用など歩数を増やす工夫をしていますか?	(採点基準)	・文書や掲示による勧奨を行い,記録の管理や常時啓発を促す掲示等を行っていれば(勧奨+a)→3点 ・文書や掲示による勧奨を単発的に行っていれば(勧奨のみ)→2点 ・上記以外 →1点
職場の禁煙	⑮	従業員にたばこの害について周知活動をしていますか?	(採点基準)	・文書や掲示による周知や,たばこの害に関する知識情報を会議やセミナー等により社内で共有した実績が把握できれば →3点 ・文書や掲示による周知のみ,あるいは部分的な周知,社内教育等を行っていれば →2点 ・上記以外 →1点

⑯	受動喫煙防止策を講じていますか？	（採点基準）	・文書や掲示による周知などを行い，事業場や執務室外に喫煙室・喫煙所が設置されており，勤務時間内禁煙あるいは分煙していれば →3点 ・文書や掲示による周知などを行い，事業場や執務室外に喫煙室・喫煙所が設置されておらず，勤務時間内禁煙あるいは分煙していれば（執務室内に喫煙室・喫煙所の設置ある場合も含む）→2点 ・上記以外 →1点	
		※留意点	・入居ビルが受動喫煙対策を講じていない場合，一法人として講じていることを評価する ・禁煙や分煙対策として，喫煙室等を設置せず，アイコス等電子タバコへの移行を行っているケースは× →1点	
心の健康	⑰ 管理職などが，毎日，従業員に声掛けを行っていますか？	（採点基準）	・文書やメール，朝礼や社長メッセージなどで常態的な声掛け等を実施した実績があれば →3点 ・心の健康に関する連絡やメンタルヘルスに関する知識の情報共有等を実施した実績があれば →3点 ・上記について，単発的に実施した実績があれば →2点 ・上記以外 →1点 ※毎日でなくともよい →次回改正時に「毎日」を削除したい	
	⑱ 気になることを相談できる職場の雰囲気を作っていますか？	（採点基準）	・メンタルヘルスに関する相談窓口または相談担当者を設け，文書や掲示による周知を社内全体に周知していることが把握できれば →3点 ・メンタルヘルスに関する相談窓口または相談担当者を設けているが，社内周知が不十分な場合 →2点 ・メンタルヘルスに関する相談窓口を社外（例：厚労省「こころの耳」活用，地産保（地域産業保健センター）の活用など）に設けている 社内周知 →3点，周知不十分 →2点 ・上記以外 →1点	

（G-Net　公認会計士　松田 紘一郎）

コラム

ある近江商人の高ROE経営

　2019（令和元）年9月3日（火）日本経済新聞　17（投資情報）「一目均衡」に，証券部次長　松崎雄典氏の表題のような小論文が掲載されていましたので，それを引用させていただきます。ROEは，純資産利益率のことですが，医療界では高配当を望む株主が存在しないことにより，あまり重視されていません。ここで示された1700年代は，徳川吉宗の時代でアメリカでは南北戦争（1775年〜）の前の頃です。本書では，そこまで書き込んでいませんが，「三方よし」について，Q3，Q4で示しており参照してください。

— ○ —

　フィデリティ投信で企業との対話を担当する三瓶裕喜氏は日本企業の原点を探ろうと「売り手」「買い手」「世間」の「三方よし」で知られる近江商人を現代の投資家の視点で調べた。滋賀県近江八幡市に通って資料にあたり，滋賀大学の宇佐美英機名誉教授らにも話を聞いた。

　1700年代にはすでに複式簿記があり，期首と期末の純資産の差を利益とするバランスシート（貸借対照表）を軸とした財務の発想だった。出資者の記録も現存する。

　簿記が残る中井家の「中井家資本増殖表」から計算した61年間の自己資本利益率（ROE）は，18.8％に達する。会計の違いを調整するともっと高かった可能性もあるという。一例とはいえ，平均10％未満の現代の日本企業よりも，長期で高い実績を残したケースがあったわけだ。顧客や世間といったステークホルダー（利害関係者）に配慮する経営と株主重視のROE経営は相反すると考えられがちだが，三方よしの近江商人でも高ROE経営を実現した例があったのは「経済評価と社会価値は一体という教訓」（三瓶氏）を示す。

　商売の実態は農家の三男や四男による商人相手の卸行商だった。近江の物産を他国に売り，他国の物産を持ち帰る。藩には保護されずリスクは高かった。他国で受け入れられるには取引相手にもその地域の人々にも喜ばれるものでなくてはならない。

　米国の経済団体は，わが国の「三方よし」から遅れること3百年余，2019年（令和元年）8月，株主第一主義を見直し，従業員や取引先，地域社会にも配慮する声明を出した。企業経営の潮流の変化を象徴する。米国企業の歴史を振り返ると，1950年代には，従業員が自動車を買えるよう高い賃金を支払う「フォーディズム」があった。60年代には企業が不採算部門を抱えて非効率化し，70〜80年代には株主の力が強くなってM＆A（合併・買収）がさかんになった。最近では，富が偏在して消費が落ち込めば，株主にも長い目では痛手になるとの危機感が生まれている。

　日興アセットマネジメントの神山直樹チーフ・ストラテジストは「正解があるわけではなく，時代によって企業に求められる姿は変わる」と話す。日本企業の課題も米国とは異なるという。ROEは海外に比べてなお低い。世の中が求める製品やサービスを生めず過当競争の産業が多く利益率が低いためだ。企業は利益を出してもお金を使わず，ため込んでいる。供給網での環境・人権問題への目配りも欧米が先を行く。（以下，略）

（G-Net　公認会計士　松田　紘一郎）

9 人財の採用システム

Q9 当医療法人は，医療療養型：リハビリテーション病院を中心に病床は180床あり，居宅介護サービスも実施。職員の採用システムが確定しておらず，そのシステム化，課題の克服を示してください。

■ポイント

> 高度の専門職を有する医療機関にとって，職員（人財）の採用を効果的にシステム化するためには，採用マニュアルのほか，関連する諸規程などの整備，職員ロイヤルティの整備など全院（員）をあげて取り組むべきです。

A

1 基本的な考え方

　施設基準による定数制と職員のほとんどが高度な資格が必要なのが医療機関です。そこで新たに職員の採用をする場合，一般の会社と異なる条件等が付加されます。優秀な人材の採用は当然のことでもありますが，そのため，効果的な職員採用のシステム化を図ることは，その医療機関の繁栄と存続をゆるぎないものにしていくはずです。

　そのためには，職員ロイヤルティの醸成や関連諸規程の整備・実施のほか，次に掲げるような職員採用システムのマニュアル化をおすすめします。

2 職員採用のシステム化

(1) 手順化

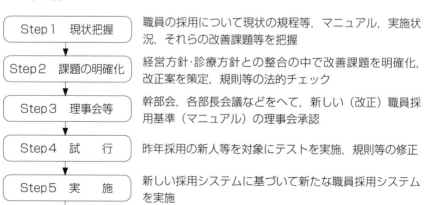

Step 1 現状把握	職員の採用について現状の規程等，マニュアル，実施状況，それらの改善課題等を把握
Step 2 課題の明確化	経営方針・診療方針との整合の中で改善課題を明確化，改正案を策定，規則等の法的チェック
Step 3 理事会等	幹部会，各部長会議などをへて，新しい（改正）職員採用基準（マニュアル）の理事会承認
Step 4 試 行	昨年採用の新人等を対象にテストを実施，規則等の修正
Step 5 実 施	新しい採用システムに基づいて新たな職員採用システムを実施

| Step6　評価・見直し | 新しい採用システムをチェック，評価し，問題があれば見直し，改善 |

(2)　システム活性化のポイント（列挙）
①　職員採用システムをマニュアル化，例えば「面接時のチェックリスト表」などを整備すべきこと
②　この採用システムは，新規採用職員の意見などをとり入れて見直し，改善していくこと
③　労働関連法令などを研究，法令違反にならないように注意すること
④　職員の採用など専業（大規模法人の場合）担当者を配置すること

(3)　関連する諸システム（列挙）
①　職員のアンケート調査を実施活用するとき
②　労働基準監督署への届出手続システム
③　文書管理システム

(4)　採用した職員に交付すべき規則指針等（列挙）
①　理念（経営・医療）・方針（経営・医療）を示したもの
②　就業規則　③　賃金規程（給与規程）　④　退職金規程
⑤　入職誓約書・身元保証書　⑥　雇用契約書
⑦　新入職員の住所図の記載書　⑧　服務規程　⑨　慶弔規程
⑩　病院案内（パンフレット等）　⑪　受付応対マニュアル
⑫　配属予定の各部門のマニュアル
⑬　その他採用時に新入職員から預かる書類等
　　イ　厚生年金手帳　ロ　前職の源泉徴収票　ハ　住民票（必要に応じて）
　　ニ　扶養控除等の異動申告書　ホ　健康診断書
　　ヘ　個人番号（マイナンバー）
なお，職員の採用に関連して雇用保険等に係る届出手続が必要で，労働基準監督署への「36協定」などの届出手続が必要です。

(5) 採用の具体的手順

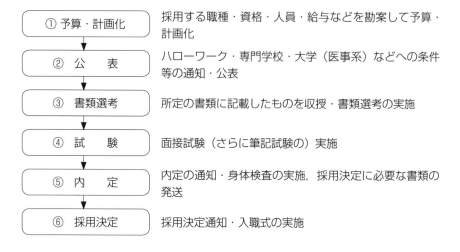

① 予算・計画化	採用する職種・資格・人員・給与などを勘案して予算・計画化
② 公　　表	ハローワーク・専門学校・大学（医事系）などへの条件等の通知・公表
③ 書類選考	所定の書類に記載したものを収授・書類選考の実施
④ 試　　験	面接試験（さらに筆記試験の）実施
⑤ 内　　定	内定の通知・身体検査の実施，採用決定に必要な書類の発送
⑥ 採用決定	採用決定通知・入職式の実施

3　採用試験のポイント

(1) 書類選考

　書類選考は，あらかじめ書類によって応募者としての必要な要件を満たしているかどうかを審査，書類は一般的に，次のような書類になります。

　　・履歴書　　　・自己紹介書　　　・学業成績証明書

　　・卒業（見込）証明書　　　・健康診断書　　　・資格証明書

　書類のチェック内容（記載事項の確認と必要要件の確認）は次のとおりです。

　　・写真と押印がされているか　　　・説明不足事項はないか

　　・誤字・脱字はないか　　　・志望の動機はしっかりしているか

　　・身体状況は良好か　　　・学業成績はしっかりしているか

　　・中途採用であれば今までの勤務経験が書いてあるか

(2) 筆記試験

　筆記試験はこれからの仕事に従事するために必要な知識や技能を持っているかどうかを見るための試験であり，今後，高い知識，技術を習得する能力があるかどうかを把握するために実施します。出題内容は次の４つに大別できます。

　　・基礎知識：学力……中学・高校・大学のレベルに合わせて行う（例：国

語・外国語，数学，法律，経済他）
・専門知識…………専門学科・専門分野
・一般知識…………常識・教養・時事問題等
・実務知識…………職務遂行上必要とする知識および関連知識

　筆記試験は，新卒・中途採用によって実施内容が変わってきますので，そのつど実施内容を検討することが必要です。

(3)　適性検査

　適性検査は職務遂行上必要な能力や特性を備えているかどうかを科学的・客観的に把握しようとするもので，導入の目的は以下のようになります。
・受験者の能力，性格，人物，職務適性，職場適性などを把握するため
・特定の職務に必要な性格傾向を見るため
・興味，関心の方向をつかむため
・職場不適応者を発見するため・能力水準の特に低い者を発見するため
・面接試験における評定の参考とするため
・適材適所としての配置に活用するため

(4)　面接試験

　採用試験における面接試験の果たす役割はきわめて大きく，採否を左右する大きな要素となり面接試験のねらいは次のようにまとめられます。
・被面接者が自院のビジョン，経営理念，方針，風土に適しているか
・職務に必要な知識・能力・適性などの基礎的な面を備えているか
・自院にふさわしい人柄，性格であるか
・採用条件や労働条件などについて話し合い，相互に意思疎通を図ると共に，理解，納得が得られるか

　以上について質問事項をまとめ，用紙を作成し，複数の面接者により総合的に判断しようとするものです。

34

職員用（新卒・高卒）チェックリスト表

受験番号		○○○	採用面接記録票 （平成○年○月○日）	希望職種 **看護**	総合評価 A'

氏名（ふりがな） まるずみ　きょうこ **丸住　京子**	年齢 21	性別 男・⑳	学歴・専攻 **看護学校**	面接者		**関**

区分	質問 チェック		質　問　事　項	回答	評価及尺度
1・動機と志望	✓	1	今の住所から当院まで何分かかりましたか、どういう道順で来られましたか。	30分 ✓	理論性　A B C D E ①				
	✓	2	当院を何故選ばれましたか。（他にどういうところを受けられましたか）	新聞	積極性　①				
	✓	3	当院について、どんな研究、準備をしましたか。	✓	計画性　| ① | | |
	✓	4	あなたの長所（特技・得手）を客観的に述べて下さい。	✓	観　察　| ① | | |
	✓	5	あなたの得意な学科、不得意な学科をそれぞれ3つあげて下さい。	✓	責任感　| ① | | |
	✓	6	当院に来られて（調査をされて）感じたことを述べて下さい。	✓	理解力　| ① | | |
2・職業への心構え	✓	1	アルバイトの経験はありますか、職業をどのように考えますか。	✓	堅実性　| ① | | |
	✓	2	採用された場合、どういう職種を希望しますか。	✓	誠実性　① | | | |
	✓	3	入職後、第一希望の仕事につけない時、あなたはどうしますか。	✓	協調性　| ① | | |
	✓	4	自分の好まない仕事やソリの合わない上司、先輩とどうすれば上手にやっていけますか。	✓	思　想　| ① | | |
	✓	5	当院は職業柄、勤務状況が非常にキビシイ時もありますが、こなしきれますか。	✓	常識性　① | | | |
	✓	6	もし、就職した場合、あなたは何年位勤められますか。（勤めるつもりですか）	10年以上 ✓	社会性　① | | | |
	✓	7	卒業式はいつごろですか、いつごろから当院へ勤務できますか。	3、4 ✓	学　力　① | | | |
	✓	8	あなたは普段も、そういう身だしなみでいますか。	✓	注意力　① | | | |
3・学校・家庭・その他	✓	1	あなたの友達は何人位いますか。一緒にどんなことをしますか。（その場合誰がリーダーをしていますか）	✓	健康さ　| ① | | |
	✓	2	尊敬する人はどなたですか。どこにひかれますか。	✓	容姿 服装　① | | | |
	✓	3	今、読んでいる書物と新聞・雑誌はどういうものですか。専門書は何冊位持っていますか。	✓	態　度　| ① | | |
	✓	4	あなたは学校で、どのクラブ活動に力を入れましたか。そこで、何を学びとりましたか。	✓	表　情　| ① | | |
	✓	5	家族の人と普段よく話合いますか、どんなことを話合いますか。（意見の合わないことはないんですか）	✓	動　作　① | | | |
	✓	6	家族の皆さんは健康ですか。あなたの出席率（出勤率）は。	✓	独創性　① | | | |
	✓	7	あなたはどんな食べ物が好きですか。嫌いなものは何ですか。	✓	表現力　① | | | |
	✓	8	今まで何と何について聞かれましたか。	✓	記憶力　| ① | | |

面接者の意見、その他	Ⓐ Ⓑ C D E

4 AID（C）Aの法則

(1) 手順として，アイドマ（AIDMA）の法則（AIDMAのMとAの間にCを
加えることもあります）に留意すべきです。

　Attention（注目）（自・医療法人に注目させる）
　↓
　Interest（興味）（自・医療法人に興味を持たせる）
　↓
　Desire（願望）（他・医療法人と比較して良い点が多いと思わせる）
　↓
　Memory（頭に刻み込む）（自・医療法人のことが頭の中に記憶される）
　↓
　Conviction（確信）（自・医療法人で働くことが素晴らしいことと確信される）
　↓
　Action（行動）（自・医療法人への行動となる）

　AIDMAの法則を職員の採用という視点から示しましたが，この法則は本来，
患者（顧客）誘引に最も効果のあるマーケティング手法の法則でもあります。

(2) 興味（Interest）を持たせるためには，
　イ　病院案内を工夫する：パンフレット等の作成時にイメージアップ。
　ロ　募集広告の表現は具体的に：応募させる手掛かりを与える。
　ハ　魅力ある企業イメージを形成：応募者に不安感や不信感を与えない。
　ニ　募集時期のタイミングを考える：新卒であれば就職に関心をもつ時期，
　　　中途であれば異動のある賞与支給時の後等。
　ホ　効果的な募集媒体を考える：小規模施設の場合，地域の沿線版といった
　　　限られた募集媒体がよい。

(3) 入所意欲（Conviction・Attention）
　イ　応募者への応対・フォローに留意すること
　ロ　仕事の内容を充分に理解させること

（G-Net　公認会計士　松田 紘一郎）

⑩ 離職防止の原因調査システム

Q10 療養リハビリ系の病院（170床）医療法人です。入職した職員の30％以上が3年以内に辞めていく現状にあり，その防止策としての抜本的原因調査方法，適切な対策を教えてください。

■ポイント

> 病院の雇用の安定・離職率低減の成否は，Q3で示した「3S」の向上による患者ロイヤルティや職員ロイヤルティの向上にかかっています。ここでは，あまり一般的でないと思われる解雇・退職原因調査に絞り込みます。

A 1 病院は医療法令等の規制による労働集約的な業種であり，そこでは一定の資格等を持つ人材の採用育成とともに，職員のロイヤルティの向上を図っていくこと，それでも解雇や退職が発生することもやむを得ないことでしょう。

職員の労働条件等には労働基準法等，その執行機関として労働基準監督署があり労働争議に発展することも考えておく必要（Q48）があります。

しかし，トラブルを防止する手段として職員満足度の向上のために退職マニュアル（M）の策定や退職原因等の調査をルール化して誤りのない離職率低減の自律的な対応をすべきでしょう。

2 退職職員・退職原因等の調査マニュアル（新設）

(1) その手順

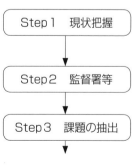

Step1 現状把握	当病院・職員の退職者（解雇を含みます。以下同じ）の現状，対応など（できれば原因）を3年ぐらい調査（職種，部門，年齢別）
Step2 監督署等	労働基準監督署に，社会保険労務士を加えたプロジェクトチーム（以下，Pチーム）で退職者に係る法的規制の現状を教わり理解する
Step3 課題の抽出	Step1の調査結果をStep2の法的規制に当てはめて課題・問題点を抽出。修正すべき対応を明らかにする

Step4 退職調査M	「退職職員・退職原因等調査マニュアル」を策定し，施行・実施する
Step5 退職M	以上のStepの結果から，解雇の対応を含めた退職マニュアルを策定
Step6 試 行	ある期間（6か月くらい）Step4とStep5のマニュアルを試行，修正
Step7 理事会	理事会でマニュアルを承認
Step8 実 行	マニュアルの実施

（注）この手順は，主な項目をおおむね時系列的に示したもので，Stepが重複したり，逆になることもあり得ます。

(2) システム活性化のポイント（列挙）

イ 労働契約と解雇・退職に係る法制，特に労働基準法の理解を深めること

ロ 当法人のその対応の法的整備・違反の実態を知りマニュアルで修正すること

ハ 退職原因の実態調査マニュアルを策定，人事・労務の仕組み等を修正すること

ニ 次のような関連するシステムの活性化も図ること

　　(イ) 職員アンケート調査システム

　　(ロ) 自己申告・人事考課システム

　　(ハ) 教育研修システム

　　(ニ) 職員の健康支援システム

　　(ホ) 育児・介護休業を支援する職場環境整備システム

3 退職職員・原因等の調査マニュアル（既存）の修正手順

(1) その主な手順

Step1 現状把握	退職職員の原因，退職事由がマニュアルでどのように把握され，集計・分析されているのか現状の課題把握

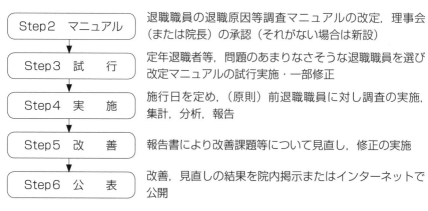

Step2 マニュアル	退職職員の退職原因等調査マニュアルの改定，理事会 （または院長）の承認（それがない場合は新設）
Step3 試　　行	定年退職者等，問題のあまりなさそうな退職職員を選び 改定マニュアルの試行実施・一部修正
Step4 実　　施	施行日を定め，（原則）前退職職員に対し調査の実施， 集計，分析，報告
Step5 改　　善	報告書により改善課題等について見直し，修正の実施
Step6 公　　表	改善，見直しの結果を院内掲示またはインターネットで 公開

（注）この手順は，委員会（例：職員満足度充実）を設置して進めることを想定しました。

(2) システム活性化のポイント（列挙）

① 退職する職員が重要な改善情報を持っていることを認識し，システム化すること

② その情報には，次のようなものが考えられますが，前者をうまく引き出すような個人面接の技法が必要なこと

　　㋑ 建設的な意見，非建設的（愚痴，人身攻撃）な意見

　　㋺ 明確な指摘，あやふやな指摘

　　㋩ 実現可能なもの，とても実現不可能な意見

③ 退職者情報の中には，医療機関の存立を揺るがすような次の2点にかかわるもの（例：役員の利益の追求）があるかも知れません，直ちに修正すべきこと

　　㋑ 医療・経営理念に反すること

　　㋺ 「法令遵守」に反すること

　　　無視すれば，行政機関等への「内部通報」（告発）という事態もありえます。

④ 個人面接は，マニュアルに従って友好的に和やかに行うこと

⑤ 収集した有効データは，分析・評価し，改善の課題としていくこと

⑥ 上司等への"人身攻撃"もありえますが，同調せず，慎重な対応が必要なこと

次に調査マニュアルと調査表の一部を示します。

退職職員・退職原因等調査マニュアル（主なもの）

（対　象）
第2条　このマニュアルの対象となる職員は，当法人の経営する次の諸施設に
　　　勤務する常勤（入職3年以上）の職員ならびに医師とする。
　　　① 　○○病院
　　　② 　○○○○
（実　施）
第3条　退職原因調査は，退職予定職員から退職届の提出（就業規則により，
　　　原則2か月以上前）があってから，退職の日までの間に退職予定職員の協
　　　力を得て，次のように実施するものとする。
　　　(1) 実施者　原則として総務課長
　　　(2) 日　時　個室（小会議室）で原則1時間程度
　　　(3) その他　① 　退職届などの確認をすること
　　　　　　　　　② 　金銭の貸与，制服等の貸与も確認すること
（面接者）
第4条　面接者は，退職職員と利害関係のないものとし，事務長が選任する。
　　2　面接者は，第1条の目的達成のため友好的な雰囲気のもとで有用情報を
　　　抽出する努力をしなければならない。
（調査票）
第6条　面接実施者は，別紙「退職職員・退職原因等調査表」により明らかにし，
　　　直属の上司の批評（感想）等を加え，速やかに事務長に報告するものとする。
（緊　急）
第7条　個人面接の結果，緊急を要する改善がある場合または，ある個人の犯
　　　罪等を告発する内容がある場合は，それと利害関係のない上司を経由して，
　　　院長または理事長に直接報告ができるものとする。

　ここでは，退職職員・退職原因調査システムと調査表の一部（次頁）を示し
ましたが，「Q48　退職・離職者の法制」や「Q61　退職金規程」も参照してく
ださい。

医療法人社団　〇〇会

退職職員・退職原因等調査表　Ⅰ

実　施　日	年（令和　年）　月　日（　）　　　：　～　　：
実　施　者	印

退職者個人情報	対　象　者	
	生 年 月 日	男・女　　　　年（　　　）　　月　　日生（　歳）
	退　職　届	（届出日）　　月　日（　）　　（退職日）　　月　日（　）
	退職保証人	
	退職時給与	
	退 職 事 由	

個人面接の結果	面 接 協 力	
	真実の退職理由	
	面接から得られた改善事項	(1)
		(2)
		(3)
		(4)

直 属 上 司批　評	

院長	事務長		作成者	備考	総務	
					労務	
					経理	

退職職員・調査表　Ⅱ（面接チェックリスト）		
面　接　者	退職予定（　　　　　　　　氏）	備　考
Q1　今日は、（挨拶を） ・お忙しい中、時間をとらせて申し訳ありません。私は、_____ _____です。今日、お話しいただいたことの秘密は厳守します。お約束します。 ・×月×日貴方様から退職届が提出されましたので、その件につきお尋ねと、若干の情報をいただきたく時間をとっていただきました。 ・×月×日に退職届を出されましたか。	A1　確かに出しました（？）	
Q2　実は、ここに退職届を持っているのですが、退職事由が「‥‥‥‥‥‥‥‥‥‥‥‥」と示されています。 　お答えにくいかもしれませんが、本当の退職理由は何ですか。	A2	
Q3　貴方は、平成×年×月×日に入職され、×年×月たっていますが、その間で楽しかったこと（嬉しかったこと）を3つほどあげられませんか。	A3	
Q4　同じく（期間）で、苦しかったこと（いやだったこと）を3つほどあげられませんか。	A4	
Q5　貴方の勤務していた部門で改善すべきと思われる点は何ですか、3つほどあげていただけませんか。	A5	
Q6　同じく（同部門）で秀れているところはありますか、3つほどあげていただけませんか。	A6	
Q7　当病院での改善課題と思われるものを、3つほどあげていただけませんか。	A7	
御協力ありがとうございました。 貴方様の今後のご発展を祈っております。		

（G-Net　公認会計士　松田　紘一郎）

コラム

医師偏在等に対する３つの施策の中長期的見通し

医師の労働時間短縮に向けた医療機関の緊急的な取組みが，2018年２月厚生労働省医政局より（一部）次のように示されました（項目のみ）。

(1) 医師の労働時間管理の適正化に向けた取組み
(2) 36協定等の自己点検
(3) 産業（医）保健の仕組みの活用
(4) タスク・シフティング（業務移管）の推進
(5) 女性医師等の支援
(6) 医療機関の状況に応じた医師の労働時間短縮に向けた取組み

もとより，これらは地域行政のあり方，支援などの充実が不可避の要件ですが，それらを含め下図で示すように中長期見通しが厚生労働省医政局から示されています。

（参考）主な医療政策課題の中長期の見通し

（G-Net　公認会計士　松田　紘一郎）

「働き方改革」の法制等

この第2章は，第1章の一般的な「働きやすい職場」の基本的な実践事例などを受けて労働基準法の改正に合わせて，その改正のポイント，長時間労働の是正，多様で柔軟な働き方，雇用形態にかかわらない公正な待遇および個別特有の課題の検討の4区分・19項目のQ&Aに分けて，それぞれの末尾に示しました著者の専門的な知見をもとに次のように示しています。

Ⅰ　改正のポイント
　11（1）働き方改革の実行計画
　12（2）働き方改革関連法の概要

Ⅱ　長時間労働の是正，多様で柔軟な働き方
　13（3）労働施策総合推進法
　14（4）時間外労働の上限規制
　15（5）新36協定
　16（6）年次有給休暇の5日取得義務
　17（7）勤務間インターバル制度
　18（8）産業医・産業保健機能の強化
　19（9）労働時間の状況の把握義務

Ⅲ　雇用形態にかかわらない公正な待遇
　20（10）不合理な待遇差解消のための規定整備
　21（11）労働者に対する説明義務の強化
　22（12）行政による履行確保措置・行政ADR整備
　23（13）日本医師会の対応
　24（14）日本看護協会の対応
　25（15）働き方改革の税制上の優遇

Ⅳ　個別特有の課題の検討
　26（16）固定残業代制
　27（17）医師の労働時間
　28（18）同一労働同一賃金
　29（19）LGBTの法的問題点

　第1章でも示しましたが，これらから派生的な整備，特に医師については，2024（令和6）年3月末まで施行が延長されており，勤務医師の雇用条件などに注意が必要です。

（注）11〜29は，Q&Aの通し番号を示し，（　）カッコの番号は，この章の順番を示しています（以下，第3章・第4章・第5章も同じ）。

（G-Net　公認会計士　松田 紘一郎）

⑪　働き方改革の実行計画

働き方改革実行計画が策定されているとのことですが，その計画の全体像や医師の働き方改革についての動向等を教えてください。

■ポイント
> 働き方改革のキーワードは，「生産性向上」「労働参加率の向上」「成長と分配の好循環」です。働き方改革10か年計画に基づき，施策が順次実行されており，医師の時間外労働の上限規制についての医事法制・医療政策に係る法制面の検討も進んでいます。

1　働き方改革の検討

2016年1月22日「安倍総理大臣の通常国会の冒頭演説の施政方針演説」抜粋
　本年取りまとめる「ニッポン一億総活躍プラン」では，同一労働同一賃金の実現に踏み込む考えであります。

2016年6月2日「ニッポン一億総活躍プラン」抜粋
　最大のチャレンジは働き方改革である。多様な働き方が可能となるよう，社会の発想や制度を大きく転換しなければならない。

2016年9月27日～2017年3月28日「働き方改革実現会議（全10回）」開催※

※詳細は次頁2参照

　その背景として，わが国の経済成長を妨げる課題として，人口問題（少子高齢化・生産年齢人口の減少）という構造的な問題およびイノベーションの欠如による生産性向上の低迷，革新的技術の投資不足等があり，日本経済再生の実現のためには，「付加価値生産性の向上」と「労働参加率の向上」を図ることが必要とされています。

　そのためには，働き方改革こそが，労働生産性を改善するための最良の手段であるとされ，働き方改革（同一労働同一賃金，長時間労働の是正等）により生産性向上の成果を働く人に分配することによって，賃金の上昇，需要の拡大

を通じた成長を図る「成長と分配の好循環」を構築するとしています。

図1 成長と分配の好循環イメージ

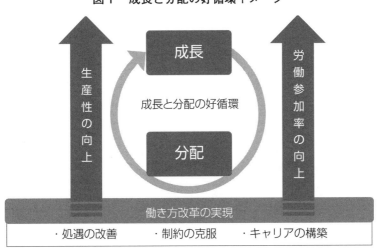

2 働き方改革実現会議

2016年9月に働き方改革の実現を目的とする実行計画の策定等に係る審議に資するために，安倍総理大臣を議長とし，関係官僚と民間有識者（労働界と産業界のトップ，有識者等）を議員とした働き方改革実現会議（以下「実現会議」という）が設置され，次のような日程で開催されました。

日程	回数	主な議題等
2016年9月27日	第1回	働き方改革実現会議の開催について
2016年10月24日	第2回	柔軟な働き方の在り方，多様な選考・採用機会など
2016年11月16日	第3回	雇用吸収力・生産性の高い産業への転職・再就職支援の在り方，格差を固定化させない教育の在り方など
2016年11月29日	第4回	同一労働同一賃金などの非正規雇用の処遇改善
2016年12月20日	第5回	同一労働同一賃金 ➡同一労働同一賃金ガイドライン（案）提示
2017年2月1日	第6回	同一労働同一賃金，長時間労働是正
2017年2月14日	第7回	長時間労働是正，高齢者雇用
2017年2月22日	第8回	これまでに取り上げていないテーマなど全般

| 2017年3月17日 | 第9回 | 働き方改革実行計画について
➡時間外労働の上限規制等に関する政労使提案 |
| 2017年3月28日 | 第10回 | 働き方改革実行計画について
➡働き方改革実行計画（案）提示 |

　第10回実現会議において，働き方改革実行計画（2017年度〜2026年度までの10か年計画）が決定されました。

　本計画については，スピードと実行が重要であるとされ，その後，働き方改革関連法案（改正労基法，安衛法，パート法など）が国会に提出され，2018年6月29日に国会で成立しています（「Q12　働き方改革関連法の概要」参照）。

3　働き方改革実行計画

　働き方改革実現のための3つの項目について，働く人の視点にあった課題が示されました。

項　　目	働 く 人 の 視 点	課題
処遇の改善 （賃金等）	・仕事ぶりや能力の評価に納得して，意欲をもって働きたい	A
制約の克服 （時間・場所等）	・ワークライフバランスを確保して，健康に，柔軟に働きたい ・病気治療，子育て，介護などと仕事を，無理なく両立したい	B
キャリアの構築	・ライフスタイルやライフステージの変化に合わせて，多様な仕事を選択したい ・家庭の経済事情にかかわらず，希望する教育を受けたい	C

　そして，働く人の視点にあった課題を解消するために9つの分野について具体的な方向性（19施策）が示されています。

課題	検討分野	対　応　策
A	1．非正規雇用 　の処遇の改善	①同一労働同一賃金の実効性を確保する法制度とガイドラインの整備
		②非正規雇用労働者の正社員化などキャリアアップ

	2．賃金引上げと労働生産性の向上	③企業への賃上げの働きかけや取引条件改善・生産性向上支援など賃上げしやすい環境の整備
B	3．長時間労働の是正	④法改正による時間外労働の上限規制の導入
		⑤勤務間インターバル制度導入に向けた環境整備
		⑥健康で働きやすい職場環境の整備
	4．柔軟な働き方がしやすい環境整備	⑦雇用型テレワークのガイドライン刷新と導入支援
		⑧非雇用型テレワークのガイドライン刷新と働き手への支援
		⑨副業・兼業の推進に向けたガイドライン策定やモデル就業規則改定などの環境整備
	5．病気の治療,子育て・介護等と仕事の両立，障害者就労の推進	⑩治療と仕事の両立に向けたトライアングル型支援等の推進
		⑪子育て・介護と仕事の両立支援策の充実・活用促進
		⑫障害者等の希望や能力を活かした就労支援の推進
	6．外国人材の受入れ	⑬外国人材受入れの環境整備
	7．女性・若者が活躍しやすい環境整備	⑭パートタイム女性が就業調整を意識しない環境整備や正職員女性の復職など多様な女性活躍の推進
		⑮就職氷河期世代や若者の活躍に向けた支援・環境整備の推進
		⑯女性のリカレント教育など個人の学び直しへの支援や職業訓練の充実
C	8．雇用吸収力の高い産業への転職・再就職支援，人材育成，格差を固定化させない教育の充実	（同上）
		⑰転職・再就職者の採用機会拡大に向けた指針策定・受入法人支援と職業能力・職場情報の見える化
		⑱給付型奨学金の創設など誰にでもチャンスのある教育環境の整備
	9．高齢者の就業促進	⑲継続雇用延長・定年延長の支援と高齢者のマッチング支援

出所「働き方改革実行計画, 2017.3.28」参考

4　ロードマップ

　最も重要な課題をロードマップで示しており，10年間の時間軸でのスケジュールが項目ごとに，①働く人の視点に立った課題，②今後の対応の方向性，③具体的な施策等として示され，重点的に推進するとされています。

5　医師の働き方改革について

(1)　医師の働き方改革に関する検討会

　医師については，働き方改革実行計画（2017年3月28日）において，「時間外労働規制の対象とするが，医師法に基づく応召義務等の特殊性を踏まえた対応が必要である」とされ，具体的には改正法の施行期日の5年後を目途に規制を適用することとし，医療界の参加の下で検討の場を設け，質の高い新たな医療と医療現場の新たな働き方の実現を目指し，2年後を目途に規制の具体的なあり方，労働時間の短縮策等について検討し，結論を得るとされました。

　その後，医師の働き方改革に関する検討会（以下「検討会」という）が発足し，2017年8月22日に第1回（主な議題：働き方改革実行計画を踏まえた時間外労働の上限規制，医師の勤務実態等について，医師の働き方改革について（自由討議））が開催され，全22回開催されました。

　全22回の検討会の議論を踏まえて，医師の時間外労働規制の具体的なあり方，労働時間の短縮策等について，とりまとめられたものが2019年3月29日に公表されています（https://www.mhlw.go.jp/stf/newpage_04273.html）。

　　＜医師の働き方改革に当たっての基本的な考え方＞
　　　・医師の働き方改革を進める基本認識
　　　・医師の診療業務の特殊性（応召義務，医師の診療業務の特殊性）を整理
　　　・働き方改革の議論を契機とした，今後目指していく医療提供の姿
　　＜医師の働き方に関する制度上の論点＞
　　　時間外労働の上限規制について，次の3水準の設定を提示しています。
　　　・診療従事勤務医の水準（A）
　　　・地域医療確保暫定特例水準（B）
　　　・研修医の水準（C-1），高度特定技能の水準（C-2）

　なお，兼業（複数勤務）を行う医師に対する労働時間等のあり方については再度検討するとしています。

(2)　医師の働き方改革の推進に関する検討会
　前述(1)の検討会のとりまとめを踏まえて，医師の時間外労働の上限規制の制度化に向けて，医事法制あるいは医療政策に係る法制面について検討し，2020年の通常国会に必要な法的な提案をすべく，「医師の働き方改革の推進に関する検討会」が次のように開催されています。

日程	回数	主な議題等
2019年7月5日	第1回	・検討を要する論点（案）について ・医師の勤務実態の把握について
2019年9月2日	第2回	・追加的健康確保措置の履行確保について ・医師労働時間短縮計画及び評価機能について

検討を要する論点（案）
1　医師の時間外労働の上限規制に関して，医事法制・医療政策における措置を要する事項
　(1)　地域医療確保暫定特例水準及び集中的技能向上水準の対象医療機関の特定にかかる枠組み
　(2)　追加的健康確保措置の義務化及び履行確保にかかる枠組み
　(3)　医師労働時間短縮計画，評価機能にかかる枠組み
2　医師の時間外労働の実態把握
3　その他

出所「第1回医師の働き方改革の推進に関する検討会，資料2-1」

　以下，第3回（10月），第4回（11月），第5回（11月）および第6回（12月）の開催を経て，第7回（12月）に一定のとりまとめを示す予定となっています。

（G-Net　特定社会保険労務士　原子 修司）

⑫　働き方改革関連法の概要

働き方改革関連法は，複数の法改正が関係していると聞きましたが，その全体像や施行スケジュール等について教えてください。

■ポイント

> 働き方改革関連法は８つの法律を改正しており，2019.4.1に時間外労働の上限規制等による労働時間・健康確保関連，2020.4.1に同一労働同一賃金の実現に関連した規定が施行。

1　働き方改革関連法の概要

(1)　働き方改革関連法の成立

　働き方改革を推進するための関係法律の整備に関する法律（以下「働き方改革関連法」という）は，労働者がそれぞれの事情に応じた多様な働き方を選択できる社会を実現する働き方改革を総合的に推進するために，長時間労働の是正，多様で柔軟な働き方の実現，雇用形態にかかわらない公正な待遇の確保等のための措置を講ずることを目的として，次の８法案を一括審議して，2018年6月29日に国会で可決・成立し，同年7月6日に公布されました。

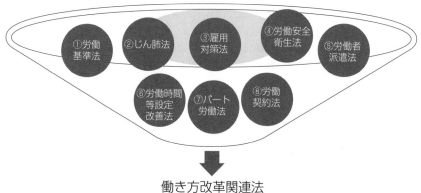

　次頁に改正法の主な施行スケジュールを示します。

(2) 働き方改革関連法の主な施行スケジュール

改正ポイント	法　　律		施行期日	
			大医療機関	中小医療機関
働き方改革基本理念	雇用対策法（労働施策総合推進法）		2018.7.6	
労働時間関係	労働基準法	時間外労働の上限規制	2019.4.1	2020.4.1
		上限規制猶予措置（医業に従事する医師等）廃止	2024.4.1	
		・年休5日指定付与義務化 ・高度プロフェッショナル創設 ・フレックスタイム制の改正	2019.4.1	
		中小医療機関の月60時間超時間外割増賃金率50％以上の猶予措置の廃止	—	2023.4.1
	労働時間等設定改善法	勤務間インターバル制度の努力義務	2019.4.1	
職員の健康確保	労働安全衛生法	医師の面接指導制度の拡充,産業医・産業保健機能強化,労働時間の状況把握義務	2019.4.1	
同一労働同一賃金	短時間・有期雇用者の雇用管理改善法（パート職員・有期契約職員）		2020.4.1	2021.4.1
	労働者派遣法		2020.4.1	

(3) 中小医療機関（中小企業）の判断基準

　中小医療機関（いわゆる中小企業（次頁※））に該当する場合は，働き方改革関連法の施行について上表のとおり，施行が1年猶予されているものもあります。なお，事業場が複数ある法人等についての判断は，事業場単位ではなく，法人単位で判断されます。

※　中小企業の基準（①または②に該当する場合）：医療・福祉

業種	日本標準産業分類	①資本金の額または出資の総額（注1）	②常時使用する職員数（注2）
サービス業	大分類P（医療，福祉）	5,000万円以下	100人以下

注1：資本金や出資金の概念がない法人（持分なし医療法人や社会福祉法人等）や個人事業主は，常時使用する職員数のみで判断します。

注2：パートタイム職員（アルバイト等の短時間職員も含む）であっても臨時的に雇い入れた場合でなければ，職員数に算入します。また在籍出向の場合は，出向先・出向元の両者で算入します。ただし，派遣の場合は，労働契約関係は，派遣元にあるため，当該医療機関の常時使用する職員数への算入は不要です。

2　働き方改革関連法の主な改正内容（列挙）

(1)　労働基準法の一部改正

・時間外労働の上限規制について，月45時間，年360時間を原則とし，臨時的な特別の事情がある場合でも年720時間，単月100時間未満（休日労働を含む），複数平均80時間（休日労働を含む）を限度に設定すること

・医業に従事する医師の時間外労働の上限規制は，2024.3.31まで適用猶予

・月60時間を超える時間外労働に係る割増賃金率（50%以上）について，中小医療機関への猶予措置を廃止すること

・使用者は，10日間以上の年次有給休暇が付与される職員に対し，5日間について，毎年，時季を指定して与えなければならないこと

・高度プロフェッショナル制度の創設等を行うこと

・フレックスタイム制の清算期間の上限を1か月から3か月に変更すること

(2)　じん肺法の一部改正

・職員の心身の状態に関する情報の収集・保管・使用等にあたり目的の範囲内で保管・使用しなければならないこと

(3)　雇用対策法の一部改正

・名称を「労働施策の総合的な推進並びに労働者の雇用の安定及び職業生活の充実等に関する法律」に変更すること

・働き方改革に係る基本的考え方を明らかにするとともに，国は，改革を総

合的かつ継続的に推進するための「基本方針」（閣議決定）を定めること

(4)　労働安全衛生法の一部改正
・労働時間の状況を省令で定める方法により把握しなければならないこと
・産業医に対する情報提供や産業医の活動の衛生委員会へ報告強化

(5)　労働者派遣事業の適正な運営の確保及び派遣労働者の保護等に関する法律
　　の一部改正
・派遣職員と派遣先の職員との均等・均衡待遇，一定要件を満たす労使協定
　による待遇のいずれかを確保することを義務化・根拠規定を整備すること
・派遣職員へ正規雇用職員との待遇差の内容・理由等に関する説明の義務化

(6)　労働時間等の設定の改善に関する特別措置法の一部改正
・事業主は，前日の終業時刻と翌日の始業時刻の間に一定時間の休息の確保
　に努めなければならないこと（勤務間インターバル制度）

(7)　短時間労働者の雇用管理の改善等に関する法律の一部改正
・名称を「短時間労働者及び有期雇用労働者の雇用管理の改善等に関する法
　律」（以下「パート有期雇用労働法」という）に変更すること
・短時間・有期雇用職員に関する正規雇用職員との不合理な待遇の禁止に関
　し，個々の待遇ごとに，当該待遇の性質・目的に照らして適切と認められ
　る事情を考慮して判断されるべき旨を明確化・根拠規定を整備すること
・短時間職員・有期雇用職員へ正規雇用職員との待遇差の内容・理由等に関
　する説明の義務化

(8)　労働契約法の一部改正
・労契法（期間の定めがあることによる不合理な労働条件の禁止）第20条を
　削除して，(7)のパート有期雇用労働法（不合理な待遇の禁止）第8条に移
　行すること

（G-Net　特定社会保険労務士　原子 修司）

(13)　労働施策総合推進法

Q13　雇用対策法が法改正により名称が大幅に変更されましたが，名称が変更された意図やその具体的内容等を教えてください。

■ポイント

> 働き方改革の基本法として名称変更。同法に基づいた基本方針により，国の施策等が行われること。今後，必要な能力等の明示・評価・処遇（評価制度）が必要に。また医療機関として，治療と仕事の両立支援について理解し適切な支援が求められること。

A　**1　労働施策総合推進法のポイント**

　雇用対策法が，「労働施策の総合的な推進並びに労働者の雇用の安定及び職業生活の充実等に関する法律」（以下「労働施策総合推進法」または「改正法」という）に改められ，働き方改革の基本理念等が規定されました。

(1)　目的等

　雇用対策法改正の目的を，国は，「労働力の需給が質量両面にわたり均衡することを促進して…」から「労働者の多様な事情に応じた雇用の安定及び職業生活の充実並びに労働生産性の向上を促進して…」（改正法1条）に変更しており，働き方改革の推進のために多様な働き方の待遇確保・労働生産性の向上に大きく重点をおいてきたといえます。

　基本的理念では，改正法3条2項に，職員は能力等が公正に評価され，処遇を受けることができるようにとの配慮規定が新設されました。

> （基本的理念）
> 第3条　（略）
> 2　労働者は，職務の内容及び職務に必要な能力，経験その他の職務遂行上必要な事項（以下この項において「能力等」という。）の内容が明らかにされ，並びにこれらに即した評価方法により能力等を公正に評価され，当該評価に基づく処遇を受けることその他の適切な処遇を確保するための措置が効果的に実施されることにより，その職業の安定が図られるように配慮されるものとする。　＜新設＞

　また，いわゆる同一労働同一賃金に関する指針（平成30年厚労省告示430号）

においても「今後，各事業主が職務の内容や職務に必要な能力等の内容の明確化及びその公正な評価を実施し，それに基づく待遇の体系を，労使の話し合いにより，可能な限り速やかに，かつ，計画的に構築していくことが望ましい。」と記載されており，今後の労務管理（同一労働同一賃金への適切な対応）において，人事評価制度（必要な能力等の明示⇒評価⇒処遇）の構築が必須となってくるといえるでしょう。

(2)　国の施策

　働き方改革関連法に係る施策を最重要施策として改正法4条1号「各人が生活と調和を保ちつつその意欲及び能力に応じて就業することを促進するため，…（中略）…多様な就業形態の普及及び雇用形態又は就業形態の異なる労働者の間の均衡のとれた待遇の確保に関する施策を充実すること。」を新設，さらに改正法4条9号に「疾病，負傷その他の理由により治療を受ける者の職業の安定を図るため，雇用の継続…（中略）…，治療の状況に応じた就業を促進するために必要な施策を充実すること。」を新設しています。

(3)　事業主の責務

　改正法6条により，職員の労働条件の改善その他の職員が生活と調和を保ちつつその意欲および能力に応じて就業環境の整備に努めることとされました。

　なお，労働施策基本方針が閣議決定（2018年12月28日）されており，国は今後この方針に基づき働き方改革の意義や趣旨を踏まえた施策を行っていきます。

2　企業・医療機関連携

　治療と仕事の両立に係る企業と医療機関の連携した取組みの推進を図るために，「事業場における治療と職業生活の両立支援のためのガイドライン」の参考資料として，厚労省より「企業・医療機関連携マニュアル」および「難病に関する留意事項」が公表されています。医療機関として，治療と仕事の両立支援における役割や考え方を理解しておくことが重要です。

（G-Net　特定社会保険労務士　原子　修司）

(14) 時間外労働の上限規制

Q14
時間外労働の上限時間が，法律で規制されたと聞きましたが，一般職と医師職で違いはありますか，その概要や運用上のポイントを教えてください。

■ポイント

> 時間外労働の限度時間が，原則月45時間，年360時間以内，特別条項も限度時間が法律で設定され，より適切な労働時間管理が必要となったこと。ただし，医師職は適用猶予があること。

A
1　時間外労働の上限規制

　労働時間は，原則として，1週40時間・1日8時間以内とされており，職員に時間外労働または休日労働をさせるためには，事前に36協定を締結し，労働基準監督署長へ届け出る必要があります（「Q15　新36協定」参照）。

(1)　法改正前（2019年3月31日以前）

　時間外労働の限度時間については，厚生労働大臣が基準を定めることができるとされており，それに基づき「労働基準法第36条第1項の協定で定める労働時間の延長の限度等に関する基準」（以下「限度基準告示」という）が定められていました。ここで定められた限度基準は告示（行政指導の対象）であったため，労使で合意すれば，1か月45時間を超える（例えば，月100時間）36協定の締結・届出も可能（法違反とはならない）でした。さらに，特別条項を定めることにより，（1年に6か月は）36協定で定めた限度時間を超えて労働（実質，上限なく時間外労働）が可能となっていました。

(2)　法改正後（2019年4月1日以降）

　今回の改正（2019年4月1日施行）により，労基法（罰則付き）で時間外労働の上限が定められ，（休日労働を除いて）原則として月45時間，年360時間が上限とされ，臨時的な特別の事情（特別条項締結：様式9号の2）がなければ，超えることはできません。

　また，特別条項を締結する場合においても次の事項の遵守が必須です。

・時間外労働が年720時間以内

・時間外労働と休日労働の合計が月100時間未満
・時間外労働と休日労働の合計について「２〜６か月平均」において，すべて１月当たり80時間以内
・時間外労働が月45時間を超えることができるのは，年６か月が限度

図１　上限規制のイメージ

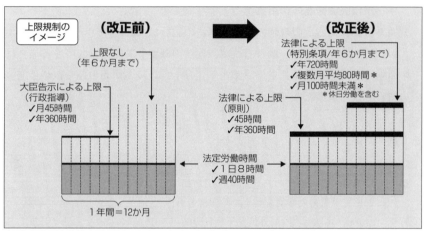

出所「時間外労働上限規制　わかりやすい解説（2018.12.26）」厚労省

２　１年単位の変形労働時間制の限度時間等

　対象期間が３か月を超える１年単位の変形労働時間制を採用している場合の限度時間は原則，月42時間かつ年320時間になります。また，特別条項では年720時間・月42時間を超える月は６回までとなりますので留意してください。

３　労基法41条，41条の２の規定による適用除外者

　労基法41条で定める管理監督者等に該当する職員は，労基法４章，６章および６章の２で定める労働時間，休憩および休日に関する規定は適用されません。ただし，深夜業の規定については，適用除外とされていませんので，深夜に労働した場合は，割増賃金の支給が必要となります。また，改正労働安全衛生法で定める労働時間の状況の把握（「Q19　労働時間の状況の把握義務」参照）も対象となりますので，留意してください。

　労基法41条の２に定めるいわゆる高度プロフェッショナル制度が適用される
職員についても，労基法４章の労働時間，休日の規定が適用除外となり，さら
に深夜の割増賃金に関する規定，安衛法で定める労働時間の状況の把握も適用
除外となります。ただし，別に健康管理時間の把握とそれに基づく健康福祉確
保措置を実施する必要があります。

4　中小規模医療機関の適用猶予

　時間外労働に係る上限規制の改正労基法の施行は，2019年４月１日からです
が，中小医療機関（「Q12　働き方改革関連法の概要」参照）に該当する場合は，
１年間猶予され2020年４月１日（2020年４月１日以後の期間のみを定める36協
定の初日）から適用となります。

5　罰　　則

36協定	時間外労働の内容	違反条項
なし	時間外労働	労基法 32条
あり	36協定で定めた時間を超えた時間外労働	
	月100時間以上（時間外労働＋休日労働）	労基法 36条６項
	２～６か月平均いずれか80時間超（時間外労働＋休日労働）	

注：法違反は，いずれも６か月以下の懲役または30万円以下の罰金

6　時間外労働の上限規制対象外の手続き等

　災害時の時間外労働等の場合は，労基法33条に基づき「災害その他の緊急事
由」および「突発的な労働の必要性の要件」を充足して，所轄労基署長の許可を
受けることにより，時間外労働をさせることが可能です。実務上は，事後届出
で，適正だったかどうかの判断を受けることとなります。

　ポイントは，事後届出で所轄労基署長に不適正と判断されたとしても，労基
法32条の罰則の適用ではなく，「相当する時間の休憩」または「休日付与」が
命令されることです。

　働き方実現会議（2016年３月28日）においても，「（事前に予測できない災害
その他事項の取扱い）突発的な事故への対応を含め，事前に予測できない災害
その他避けることのできない事由については，労基法33条による労働時間の延

長の対象となっており，この措置は継続する」としています。

7　医師の時間外労働

(1)　医師の時間外労働上限規制の適用猶予

　医業に従事する医師に関しては，医師の特殊性を踏まえての時間外労働の上限規制について議論が進められており，2024年3月31日までは時間外労働の上限規制の適用が猶予されています。したがって，医師の時間外労働については様式9号の4での36協定の締結・届出をすることになります。

(2)　検討会のとりまとめ

　2019年3月28日に医師の働き方改革に関する検討会において，医師の時間外労働規制の具体的なあり方，労働時間の短縮策等についてとりまとめの報告書が提示されています。時間外労働については，医療機関の状況に応じて，Ⓐ診療従事勤務医に2024年度以降適用される水準（以下「A水準」という），Ⓑ地域医療確保限定特例水準（以下「B水準」という），Ⓒ集中的技能向上水準（初期・後期研修医（以下「C-1水準」という），高度特定技能（以下「C-2水準」という））に区分して上限設定する方向で検討がなされています。

水準	時間外労働上限	2024年4月1日以降		2035年4月1日以降
		追加的健康確保措置		
		連続勤務時間制限・勤務間インターバル等	面接指導等※	
A水準	年960時間	努力義務	義務	同左
B水準	年1,860時間	義務	義務	A水準に移行
C-1水準 C-2水準	年1,860時間	義務	義務	将来に向けて時間外縮減方向

※月の上限時間を超える場合の面接指導と就業上の措置（ドクターストップ）

（G-Net　特定社会保険労務士　原子 修司）

⑮　新36協定

 改正労基法により36協定の様式が変更されたと聞きましたが，その概要や36協定の締結・届出についての留意点を教えてください。

■ポイント

> 法定要件を充足していない36協定の届出は，返戻（再提出）となることがあること。また，過半数代表者を適切に選出していない場合は，当該協定が無効となる可能性があること。

1　36協定の概要

(1)　36協定の様式

改正労基法等により36協定の様式が次のように変更されており，職員に時間外労働・休日労働をさせるためには，同様式に基づく36協定を締結して，それを労基署長に届け出る必要があります。

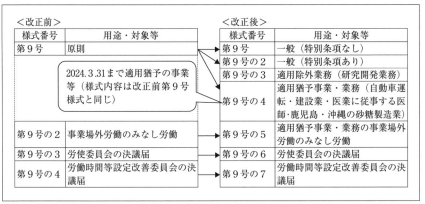

注：中小医療機関は，2020.3.31以前を含む期間の協定は改正前様式（9号）で可
　第5章資料参照

また，職員に時間外労働の限度時間（月45時間・年360時間）を超えて労働させる場合は，特別条項の締結が必要ですが，従来は36協定の様式の欄外に記載していましたが，改正法適用後は，様式第9号の2の届出が必要となり，その場合，健康福祉確保措置や限度時間を超える場合の手続（協議，通告その他の手続）の記載が必須となりました。

(2) 時間外労働（限度時間等）の法定要件

項目	＜根拠条項＞の内容
①通常の限度時間	＜労基法36条４項＞通常の限度時間は，㋑月45時間，㋺年360時間（３か月超１年単位の変形労働時間制は月42時間・年320時間）
②臨時的な特別の事情	＜労基法36条５項＞㋑年720時間，㋺月45時間（３か月超１年単位の変形労働時間制は42時間）を超える月が１年で６か月以内
③充足要件（実績）	＜労基法36条６項２号＞㋑単月100時間未満（休日労働含む）
	＜労基法36条６項３号＞㋺２か月，３か月，４か月，５か月，６か月の時間外労働（休日労働含む）をそれぞれ平均して80時間以内

①および②の要件を満たしていない36協定は，全体として無効となるため，留意してください。③については，同号の適用がない期間（法適用前や経過措置期間）については対象とはなりませんが，複数の36協定の対象期間をまたぐ場合にも適用されます。つまり，職員の入職時に前職の時間外労働があればそれも考慮して，２〜６か月平均80時間以内となるか，管理する必要があります。

２ 36協定締結にあたってのポイント

(1) 2019年４月１日（中小医療機関2020年４月１日）以後の期間のみを定めた36協定から上限規制が適用されること

(2) 適用猶予の中小医療機関は，従前様式でも新様式でも届出可能であること（新様式で届出をする場合でも，労使合意の☑は不要）

(3) 医業に従事する医師については，2024年３月31日までは改正労基法による時間外労働の上限規制の適用が猶予されるため，様式９号の４を届け出ること（様式９号や９号の２を使用すると時間外労働の上限規制適用）

３ 36協定記載事項チェックリスト

36協定について留意すべき事項の指針が策定されており，労基署長は同指針に適合しているか確認し，必要な助言および指導を行うことができる（労基法36条９項）とされています。

届出の際に，記載不備や過半数代表者が法的要件に非該当であると判断された場合は，返戻・再提出もありえますので留意してください。

改正労基法適用後の36協定の記載事項の確認事項についてのチェックリストを示します。

⑴　36協定の記載（形式要件）

①　一般条項

労基法36条2項各号および労基則17条に基づき，次のイ〜トについて具体的に記載され，協定届に☑されていること

一般条項の必要的記載事項	適合	不適合
＜具体的な記載がなされていること＞		
イ　時間外労働または休日労働をさせることができることとされる職員の範囲（業務の種類および職員数）	☐	☐
ロ　対象期間が1年であること	☐	☐
ハ　時間外労働または休日労働させることができる場合（具体的事由）	☐	☐
ニ　対象期間における1日，1か月および1年のそれぞれの期間について労働時間を延長して労働させることができる時間または労働させることができる休日の日数（注1）	☐	☐
ホ　当該36協定の有効期間（注2）	☐	☐
ヘ　1年について労働時間を延長して労働させることができる時間の起算日	☐	☐
＜協定届のチェックボックスへのチェック＞		
ト　時間外労働および休日労働を合算した時間数が改正労基法36条6項2号（月100時間未満）および3号（2〜6か月平均80時間以内）に定める要件を満たすことについて当該協定届のチェックボックスにチェックがなされていること	☐	☐

注1：1か月および1年のそれぞれの期間について労働時間を延長して労働させることができる時間が改正労基法36条3項の限度時間を超えている場合は，形式上の要件に適合しないこと

注2：対象期間は1年に限ることとされており，有効期間も定期的に見直しを行う必要があるという観点から1年が望ましいこと

②　特別条項（限度時間を超える場合）

上述①の限度時間を超えて労働させる（特別条項を定める）場合は，一般条項に加えて，労基法36条5項および労基則17条1項に基づき，次のイ〜トについて具体的な記載・要件に適合していること

特別条項の必要的記載事項	適合	不適合
＜具体的な記載がなされていること＞		
イ 限度時間を超えて労働させることができる場合（臨時的な特別の事情がある場合に限られること）	☐	☐
ロ 限度時間を超えて労働させる職員に対する健康福祉確保措置	☐	☐
ハ 限度時間を超えた労働に係る割増賃金の率（25％以上）	☐	☐
ニ 限度時間を超えて労働させる場合における手続き	☐	☐
ホ １か月について限度時間を超えて労働させる場合の延長時間および休日に労働させることができる時間について，その合計が100時間未満であること（注３）	☐	☐
ヘ １年について限度時間を超えて労働させる場合の延長時間が720時間以内であること（注３）	☐	☐
ト １か月について限度時間を超えることができる回数が１年について６回以内であること	☐	☐

注３：ホおよびへについて，１か月または１年のいずれか一方のみの延長時間を定めるものであっても形式上の要件に適合すること

(2) 協定当事者等

協定当事者等の必要的記載事項	適合	不適合
＜具体的な記載がなされていること＞		
イ 協定の成立年月日	☐	☐
ロ 協定当事者（使用者の職名・氏名および（労働組合の名称または過半数代表者の職名・氏名））	☐	☐
ハ （ロが過半数代表者の場合）選出方法	☐	☐
協定当事者が過半数代表者の場合は，次の要件を全て満たしていること ＜労基則６条の２第１項に基づく実質上の要件に適用していること＞		
a 職員（パート等を含む）の過半数を代表した者であること	☐	☐
b すべての職員が参加した民主的な手続き等（投票，挙手，職員による話し合い，持ち回り決議等）で選出されたもの	☐	☐
c 労基法41条２号に規定する管理監督者でないこと	☐	☐
d 使用者の意向に基づき選出されたものではないこと	☐	☐

　要件が未充足で締結した36協定は無効であるため，法定労働時間を超えて時間外労働を行った場合は，労基法32条違反となりますので，注意が必要です。

（G-Net　特定社会保険労務士　原子 修司）

⑯ 年次有給休暇の５日取得義務

Q16 当法人では，年次有給休暇取得を奨励していますが，全く取得していない職員（医師や管理監督者等）もいます。希望していない職員にも５日取得させる必要はありますか？

■ポイント

> 年休が10日以上付与された職員については，法人は５日取得させる義務があるため，就業規則で時季指定付与を規定して，本人が５日取得しない場合に時季指定できるようにすること。

A ### 1 年次有給休暇５日の取得義務の対象者

改正労基法により，年次有給休暇（以下「年休」という）が2019年４月１日以降に10日以上付与された全職員（医師や管理監督者を含む）について，付与日から１年以内に年休を５日時季指定することが法人（事業主）に義務付けられました。したがって，職員本人が希望していない場合でも，法人が時季を指定して年休を取得させなければなりません。

2 年次有給休暇の発生要件等

職員が，入職日から６か月継続勤務かつ，その期間の全労働日の８割以上出勤した場合は，年休が付与されます。週所定労働日数が４日以下かつ，所定労働時間が30時間未満の職員については，年休が所定労働日数によって比例付与されます。下表の太枠で囲んだ部分に該当（年休10日以上付与）する職員が義務化の対象となります。

表　年次有給休暇の法定付与日数

週所定労働日数	１年間の所定労働日数	勤続年数						
		６か月	１年６か月	２年６か月	３年６か月	４年６か月	５年６か月	６年６か月以上
５日	217日以上	10日	11日	12日	14日	16日	18日	20日
比例付与（週所定労働時間30時間未満＋週労働日数４日以下）								
４日	169～216日	７日	８日	９日	10日	12日	13日	15日
３日	121～168日	５日	６日	６日	８日	９日	10日	11日
２日	73～120日	３日	４日	４日	５日	６日	６日	７日
１日	48～72日	１日	２日	２日	２日	３日	３日	３日

注：週所定労働時間30時間以上は，原則となる年休付与

3 年休の取得（時季指定）の方法

改正労基法による年５日取得を達成するための年休取得（時季指定）方法については，主に次の３つがあります。それぞれの取得日数を合算して５日となれば達成となります。

(1) 通常年休：職員本人が年休を請求する方法

就業規則の規定による手続き（例：職員が年休を取得する２日前に所属長に年休届提出等）に基づいて，年休を取得する方法です。

(2) 計画年休：年次有給休暇の計画的付与制度

５日を超える年休について，計画的に職員に付与することができる制度です。
＜導入手続き＞就業規則変更（規定を追加），労使協定の締結

(3) 強制年休：使用者の時季指定

2019年４月１日以降は，法人が職員の希望について意見を聴いて，時季指定できるようになりました。ただし，時季指定できるのは，年休５日から前述(1)および(2)で指定（取得）している分を控除した日数が限度となります。
＜導入手続き＞就業規則変更（規定を追加）

4 年休管理簿の作成義務・保存

法人は，年休管理簿（記載事項：①時季，②日数，③基準日（第１基準日および第２基準日））の作成が必須となり，当該年休付与期間中および期間満了後３年間保存する必要があります。なお，記載すべき日数は，実際に職員が年休を取得した日数（半日単位で取得した回数および時間単位で取得した時間も含む）です。

年休管理簿は，職員名簿または賃金台帳に合わせて記載して管理することもでき，必要なときにいつでも出力できる仕組みであれば，システム上で管理することも可能です。

5 罰　　則

　法人が時季指定した場合でも職員が実際に年休を5日取得しなかった（勤務した）場合は，労基法120条違反となりますので適切に管理（取得を確認）したほうがいいでしょう。違反による罰則（30万円以下の罰金）が適用された場合は，対象となる職員1人につき1罪として取り扱われます。実務上は，労基署の調査による是正勧告に従って，改善を図っていくことになります。ただし，悪質な場合は罰則の適用もありえますので，留意してください。

（G-Net　特定社会保険労務士　原子　修司）

コラム

助成金の不正受給が他法人にも影響

　働き方改革は，国をあげての取組みであり，雇用保険二事業に係る各種助成金についても「働き方改革」の推進（「Q11 働き方改革の実行計画」参照）に関連したものが数多く整備されています。例えば，キャリアアップ助成金（正社員化コース）では有期雇用職員を正規雇用職員に転換した場合は，72万円を受給（1年度1事業所20人まで）できます。

　近年，不正受給が問題視されているため，審査が厳格となっており，受給まで時間を要するものが多々あります。また不正受給した場合の措置として，原則事業主名等が公表され，さらに悪質な場合は刑事告発（詐欺罪等）されます。

　2019年4月より「雇用関係助成金の不正受給対策の強化」として，次の対応が図られることとなりました。

> 違約金相当の新設
> ① 不正受給の返還に際し，元本と延滞金（年5％）の請求に加え，新たに違約金に相当（不正受給額の20％）するものを課すものとする。
>
> 不正支給期間の延長・対象の拡大
> ② 3年間不支給となっているところを5年間に期間を延長する。
> ③ 不正受給を行った事業主の役員等（不正に関与した役員等に限る）が他の事業主の役員等となっている場合は，役員等となっている他の事業主に対しても，同期間（5年間）助成金を支給しない。
>
> 不正を行った社会保険労務士，代理人および訓練実施者への対応
> ④ 不正に関与した社会保険労務士，代理人または訓練実施者を連帯債務者として設定し，返還請求を行う。
> ⑤ 不正に関与した社会保険労務士，代理人または訓練実施者については公表を行う。

⑥　不正に関与した社会保険労務士または代理人が行う雇用関係助成金の申請について，事業主の不支給期間と同期間（５年間），受理しない。

⑦　不正に関与した訓練実施者が行った訓練については，事業主の不支給期間と同期間（５年間），助成金の支給対象としない。

出所「雇用安定事業の実施等について，職発0329第２号等（2019年）」参考

　厚労省はリーフレット（2019年４月）において助成金に関する勧誘について，「厚労省から委託を受けたと偽って，雇用関係助成金の申請や対象診断，受給額の無料査定をするといった記載の書面を一方的に送付（FAX）して助成金を勧誘する事業者がいること」や「経営コンサルタントを名乗る事業者に指南されて虚偽の申告書等を提出した場合や，申請代理人が不正行為を行った場合でも事業主が不正受給を問われることもあります」等と注意喚起しています。

　例えば「100％助成金が受けられます」等の謳い文句を用いた勧誘を行う業者もあり，安易に誘いにのって不正受給となった場合で，上表③に該当する場合は，他法人についてもペナルティ（助成金を５年間受給できない）が課せられ，他法人からの信用を失うとともに損害賠償請求や役員解任ともなりかねません。

　助成金申請は，専門家（上表⑥非該当の社会保険労務士等）に適宜相談して計画的に行うとよいでしょう。

（G-Net　特定社会保険労務士　原子 修司）

⑰　勤務間インターバル制度

Q17　勤務間インターバル制度が推奨されているとのことですが，具体的な制度の内容や医療機関が導入する場合の留意点等を教えてください。

■ポイント

> 勤務間インターバルの終了時刻が翌始業時刻を超えて終了する時の対応について，就業規則等であらかじめ定めておくこと。

A　**1　勤務間インターバル制度の概要**

　労働時間等の設定の改善に関する特別措置法が改正（2019年4月1日施行）され，改正法第2条（事業主等の責務）に「健康及び福祉を確保するために必要な終業から始業までの時間の設定」が努力義務として追加されました。

　追加された「終業から始業までの時間の設定」が，いわゆる勤務間インターバル制度を意味しており，職員が十分な生活時間や睡眠時間を確保し，健康の保持や仕事と生活の調和を図るために有効であるとされています。

　（公社）日本看護協会は，1か月の夜勤回数を3交代8時間勤務では8日以内，勤務間インターバルを11時間以上確保することを目指すべきと提言しています。

　医師の働き方改革に関する検討会において，2024（令和6）年4月1日以降の医師については，勤務水準（A：診療従事勤務医の水準，B：地域医療確保暫定特例水準，C：集中的技能向上水準）により，Aは連続勤務時間制限28時間・勤務間インターバル9時間努力義務，B，Cはいずれも義務化とする議論が進んでいます。

2　勤務間インターバル制度導入の留意点

　制度導入の労務管理上の検討事項として，例えば，勤務間インターバルを11時間と設定した場合で，残業により勤務終了時刻が大幅に遅れて休息11時間以内の間に翌日の始業時刻が入った場合の始業時刻と休息時間終了との間の取扱いをどうするかということです。次頁に例を示します。

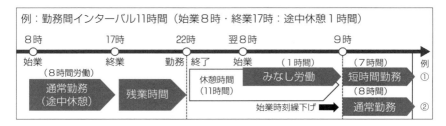

　翌8時〜9時の1時間をみなし労働（例1）とし，その日の所定労働時間を実質7時間とするか，翌始業時刻を8時から9時に繰り下げる（例2）かということになります。繰り下げた場合は，終業時刻も17時から18時に繰り下がるため，そこで残業をすると，残業時間終了後から11時間あけて翌日の勤務開始となるなど，時間管理が煩雑となるため，一般的には，みなし労働を採用するケースが多いと思われます。

　就業規則規定例（2項はどちらか選択）を次に示します。

| **（勤務間インターバル）** |
| 第×条　法人は，職員ごとに1日の勤務終了後，次の勤務開始までに少なくとも，
　　　　××時間の継続した休息時間を与える。ただし，災害その他避けることが
　　　　できない場合は，その限りではない。 |

例1	2　前項の休息時間の終了時刻が，次の勤務の所定始業時刻以降に及ぶ場合，<u>当該始業時刻から満了時刻までの時間は労働したものとみなす。</u> ＜休息時間と翌所定労働時間が重複する部分を労働とみなす場合＞
例2	2　前項の休息時間の終了時刻が，次の勤務の所定始業時刻以降に及ぶ場合，<u>翌日の始業時間は前項の休息時間の満了時刻まで繰り下げる。</u> ＜始業時刻を繰り下げる場合＞

注：下線は，例1と例2の相違箇所

3　時間外労働等改善助成金（勤務間インターバル導入コース）

　勤務間インターバル制度を積極的に導入する中小医療機関は，支給対象となる取組み（10種類：例えば，①労務担当者に対する研修）のいずれか1つ以上を実施し成果目標を達成した場合は，国が経費の一部（100万円上限）を助成金として支給する制度があります（2019年9月1日現在）ので，活用してもよいでしょう。

（G-Net　特定社会保険労務士　原子 修司）

⑱ 産業医・産業保健機能の強化

働き方改革により，産業医の権限等が強化されたと聞きましたが，その概要や法人として留意すべき事項等について教えてください。

■ポイント

> 産業医が，職員の健康確保のために健康管理等を実施できるように，事業者は，産業医が活動しやすい環境整備を図るとともに，適切に情報提供を行わなければならないこと。

 1 産業医の活動環境の整備

産業医・事業者それぞれの役割等について列挙します。

(1) 産業医の主な役割・権限等

① 職員の健康管理等を行うのに必要な医学に関する知識に基づいて，誠実にその職務を行うこと

② 職員の健康管理等を行うために必要な医学に関する知識・能力の向上に努めること

③ 事業者または総括安全衛生管理者に対して意見を述べること（勧告しようするときは，事前に事業者から意見聴取すること）

④ 職員の健康管理等実施のために必要な情報を職員から収集すること

　イ　作業場等を巡視する際などに対面により職員から直接収集

　ロ　職場や業務の状況に関するアンケート調査など文書で収集　など

　＜配慮事項＞

　　・イおよびロなどによる情報収集をしようとする際には，当該職員に人事評価・処遇等において，事業者が不利益を生じさせないようにすること

　　・情報の具体的な取扱いについて衛生委員会または安全衛生委員会（以下「衛生委員会等」という）で審議，決定しておくことが望まれること

⑤ 職員の健康を確保するため緊急の必要がある場合において，職員に対して必要な措置をとるべきことを指示すること

　イ　保護具等を使用せずに，有害な化学物質を取り扱うことにより労働災

害が発生する危険のある場合

ロ 熱中症等の兆候があり，健康確保のため緊急措置が必要と考えられる場合 など

⑥ 衛生委員会等に対して必要な調査審議を求めること

イ 調査審議の発議の趣旨等を衛生委員会等に出席して説明

(2) 事業者の主な役割・義務等

① 産業医が辞任したときまたは産業医を解任したときは，遅滞なく（概ね1月以内に）その旨（理由※）を衛生委員会等に報告すること

※理由が，産業医自身の健康上の問題など機微な内容の場合は，本人の意向を確認して「一身上の都合」,「契約期間満了」として報告も可

② 産業医に対しての下表事項の情報提供をすること

提 供 情 報	提供時期
イ．健康診断	イ～ハの結果についての医師または歯科医師からの意見聴取を行った後，遅滞なく
ロ．長時間労働の職員に対する面接指導	
ハ．ストレスチェックに基づく面接指導実施後の既に講じた措置または講じようとする措置の内容に関する情報（措置を講じない場合は，その旨・その理由）	
時間外・休日労働時間が1月当たり80時間を超えた職員の氏名・当該職員に係る当該超えた時間に関する情報（注1）	当該超えた時間の算定を行った後，速やかに
職員の業務に関する情報（職員の作業環境，労働時間，作業態様，作業負荷の状況，深夜業の回数・時間数など）であって産業医が職員の健康管理等を適切に行うために必要と認めるもの（注2）	産業医から当該情報の提供を求められた後，速やかに

（注1）該当する職員がいない場合は，「該当者なし」の報告が必要
（注2）事業者と産業医で事前に決めておくことが望ましい

<産業医に情報提供する方法>
・書面による交付
・磁気テープ，磁気ディスクその他これらに準ずる物に記録して提供
・電子メールにより提供 など

また，産業医等に提供した情報については，記録・保存が望ましいこと

③　産業医の勧告に対して意見を述べること

④　勧告を受けたときは，次のような対応が必要なこと

　イ　当該勧告の内容・当該勧告を踏まえて講じた措置内容（講じない場合は，その旨・理由）を記録し，3年間保存すること

　ロ　イの措置内容等を衛生委員会等に報告すること

⑤　衛生委員会等の開催の都度，委員会の意見・当該意見を踏まえて講じた措置の内容・議事で重要なものを記録（※）し，3年間保存すること

　※衛生委員会等の議事録（措置内容が具体的に記載されたもの）で可

⑥　職員からの健康相談に適切に対応するために必要な体制整備その他必要な措置を講じるように努めること

　イ　産業医等の業務内容等を周知（後述⑧参照）

　ロ　保健指導，面接指導，健康相談等はプライバシーを確保できる場所で実施できるように配慮すること

　ハ　指導・相談等の結果の取扱いは，「情報の適正取扱い指針」（⑦注）に基づき策定された取扱い規程により，適切に取り扱う必要があること

⑦　職員の心身の状態に関する情報を適正に管理するために必要な措置を講じること

　イ　当該情報の収集，保管または使用にあたっては，職員の健康の確保に必要な範囲内で職員の心身の状態に関する情報を収集すること

　ロ　当該収集の目的の範囲内でこれを保管および使用すること

　　ただし，目的の範囲外であっても職員本人の同意がある場合その他正当な事由（メンタルヘルス不調により自殺企図の兆候が見られる場合など，人の生命，身体または財産の保護のために必要がある場合であって本人の同意を得ることが困難である等：個人情報保護法16条3項各号）がある場合は，この限りではありません。

　　注：平成30年9月7日に厚労省より「労働者の心身の状態に関する情報の適正な取扱いのために事業者が講ずべき措置に関する指針」（以下「指針」という）が公表。

⑧　産業医等の業務の内容等を職員に周知すること

イ　職員に周知
 ・産業医による健康相談の申出の方法（健康相談の日時・場所等含む）
 ・産業医の業務の具体的な内容
 ・産業医による職員の心身の状態に関する情報の取扱い方法　など
ロ　周知方法
 ・各作業場に見やすい場所に掲示
 ・書面により職員に通知
 ・イントラネット等により職員が当該事項の内容に電子的にアクセスで
　きるようにする　など

2　健康情報等に関する取扱い規程

　事業者は，健康情報等の適正な取扱いのために労使の協議により，各種情報
を取り扱う目的，方法および権限等について取扱い規程に定め，職員に周知す
る必要があります。

　取扱い規程には，「指針」に沿って，原則として次の9項目について，衛生
委員会等（常時使用する職員が50人未満の医療機関は，安全衛生の委員会等関
係職員の意見を聴くための機会を設け，意見聴取）で審議して，定める必要が
あります。

(1)　健康情報等を取り扱う目的および取扱い方法
(2)　健康情報等を取り扱う者およびその権限ならびに取り扱う健康情報等の
　　範囲
(3)　健康情報等を取り扱う目的等の通知方法および本人の同意取得
(4)　健康情報等の適正管理の方法
(5)　健康情報等の開示，訂正等の方法
(6)　健康情報等の第三者提供の方法
(7)　事業承継，組織変更に伴う健康情報等の引継ぎに関する事項
(8)　健康情報等の取扱いに関する苦情処理
(9)　取扱い規程の職員への周知の方法

（G-Net　特定社会保険労務士　原子 修司）

⑲ 労働時間の状況の把握義務

Q19 「労働時間の状況の把握」が義務化されたと聞きましたが，義務化された趣旨やその把握方法等について教えてください。

■ポイント

> 労働時間の状況の把握は，健康確保措置（医師の面接指導等）を適切に実施するために義務化されており，原則としてタイムカード等の客観的記録により把握することが求められています。

1 労働時間の状況の把握と医師面接

(1) 労働時間の状況の把握

職員の健康確保措置（医師の面接指導等）を適切に実施する観点から，職員がいかなる時間帯にどの程度の時間，労務を提供し得る状態にあったかを把握することをいいます。

(2) 労働時間の状況を把握する対象者

把握の対象となる職員は，高度プロフェッショナル制度適用者を除くすべての職員となります。管理監督者についても労働時間の状況の把握をする必要があります。また時間外労働の上限規制について猶予されている医業に従事する医師についても，労働時間の状況の把握については，適用されますので，留意してください。

(3) 医師面接の対象となる労働時間

職員（研究開発業務・高度プロフェッショナル制度適用者以外）に対する医師の面接指導の要件が次のように変更されました。

改 正 前	改 正 後
① 時間外・休日労働が100時間超かつ，疲労の蓄積が認められる職員	① 時間外・休日労働が80時間超かつ，疲労の蓄積が認められ，または健康上の不安を有している職員
② ①に該当する職員からの申出	② ①に該当する職員からの申出

注：下線が変更箇所

当該面接における時間外・休日は，次の計算式により算出するものとし，毎

月１回以上，一定の期日を決めて行う必要があります。また，その算出時間が80時間を超えた職員には，その情報を本人に通知しなければなりません。

$$1か月の総労働時間^{※} - （（計算期間１か月の総暦日数）÷ ７）× 40$$

※所定労働時間・延長時間・休日労働時間

(4)　労働時間の状況の把握の方法

　原則として，客観的な方法等（①タイムカード，②パソコン等の電子計算機の使用時間（ログインからログアウトまでの時間）の記録，③事業者（事業者から労働時間の状況管理の権限を委譲された者を含む）の現認など）により職員の労働日ごとの出退勤時刻や入室時刻等を把握する必要があります。

　労働時間の状況の把握については，労基則54条１項５号の賃金台帳の労働時間数でも可能（裁量労働制適用者，事業場外労働みなし労働時間制適用者，管理監督者等は除く）です。

　また，やむを得ず自己申告制を採用する場合は，①対象職員に説明，②自己申告した時間と実際の労働時間が合致しているかの実態調査，③所要の労働時間（乖離）について補正をする等，さまざまな措置を講ずる必要があります。

　なお，把握した労働時間の状況の記録を作成し，３年間保存する必要があります。

　労働時間の適正把握のために講ずべき具体的な措置について，厚労省が「労働時間の適正な把握のために使用者が講ずべき措置に関するガイドライン」を2017年１月20日策定（https://www.mhlw.go.jp/file/06-Seisakujouhou-11200000-Roudoukijunkyoku/0000149439.pdf）しており，労働時間の状況の把握については，本ガイドラインの適用範囲を前述(2)に読み替えて，参考にしてください。

(5)　やむを得ず客観的な方法により把握しがたい場合

　「やむを得ず客観的な方法により把握しがたい場合」により，自己申告制により把握するケースとしては，職員が事業場外において行う業務に直行または直帰する場合等が該当します。ただし，職員が事業場外から院内システムにアクセス可能であり，客観的な方法により労働時間の状況を把握できる場合は，自己申告による労働時間の状況の把握は認められません。

医療機関であれば，訪問看護や訪問介護等が該当し，移動時間の取扱いについて適切ではない（労働時間としていない）ケースもあります。労働時間およびその把握について，「訪問介護労働者の法定労働条件の確保について（2004年8月27日基発第0827001号）」が参考となります。

移動時間については，事業場，集合場所および利用者宅の相互間を移動する時間をいい，この移動時間については，使用者が業務に従事するために必要な移動を命じ，当該時間の自由時間が職員に保障されていないと認められる場合には，労働時間に該当します。通勤時間および移動時間についてのイメージ図を次に示します。

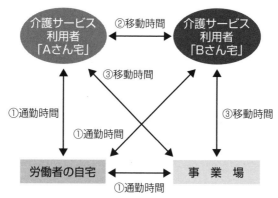

出所：「訪問介護労働者の法定労働条件の確保のために」厚労省リーフレットより

例えば，「②移動時間」や「③移動時間」が，通常の移動に要する時間程度である場合には，労働時間となります。なお，移動時間以外に空き時間があり，その時間には労務に服する必要がなく，職員に自由利用が保障されている場合は労働時間として取り扱う必要はありません。

ただし，空き時間であっても事業報告書等（介護保険制度や業務規程等により業務上作成が義務付けられているもの）を使用者の指揮監督に基づき，事業場や利用者宅等において作成している場合には労働時間に該当することになりますので，留意してください。

2 医師の労働時間の管理等

医師の労働時間管理について，医師以外の職員はタイムカード等を利用するが，医師は出勤簿の押印で出退勤のみを管理し，労働時間（在院時間）を把握していないケースがあります。

単に慣習的にそうしている，医師はすべて管理職だから労基法の管理監督者にすべて該当するという誤った認識による，タイムカード等により医師の時間外労働が明確になると残業代が発生する（請求される）という意識がある等，理由はさまざまですが，近年の医師の過重労働の問題，健康管理の視点による法改正等を踏まえても，医師についての適切な労働時間を管理することは避けては通れません。なお，前述1(3)の改正後に該当した場合は，当該医師についても医師による面接指導が必要となります。

院内で勤務する場合であれば，改正法に基づく労働時間の状況の把握を原則の客観的な方法（タイムカード等）で行う必要があり，往診や訪問診療等についての考え方については，前述1(5)と同様となります。

タイムカード等はあくまで勤怠管理（在院時間管理）として利用し，労働時間は別の方法（例えば，時間外労働申請書等）で管理をし，「タイムカードの打刻時間＝労働時間」とならない運用とすることも考えられます。

なお，その時間に乖離がある場合は，実態調査，労働時間であった場合は，補正，労働時間に該当しない場合は，その理由を明確（任意参加勉強会，自己研鑽，休憩していた時間等）にしておくことにより，後日労基署の調査等で指摘された場合もスムーズに対応できるでしょう。

（G-Net 特定社会保険労務士 原子 修司）

⑳ 不合理な待遇差解消のための規定整備

Q20 働き方改革について，不合理な待遇差解消のための規定整備ができたと聞きましたが，具体的な趣旨と内容について教えてください。

■ポイント

> 同一企業内における正規雇用労働者と非正規雇用労働者および派遣労働者間の待遇差について，法制度が整備され，実効ある是正を図ることとされました。

A

1 均等待遇と均衡待遇

　　正規雇用と非正規雇用から生じる労働条件の差異については，「均等待遇」と「均衡待遇」という観点で整理・説明がなされています。

　「均衡待遇規定」とは，「①職務内容，②職務内容・配置の変更範囲，③その他の事情の内容を考慮して不合理な待遇差を禁止するもの」であり，均衡（バランス）のとれた取扱いを要請するものです。

　「均等待遇規定」とは，「①職務内容，②職務内容・配置の変更範囲が同じ場合は，差別的取扱いを禁止するもの」であり，前提となる条件が同一である限り，差別のない同一の処遇を求めるものです。

2 これまでの規定

　これまでの法律では，パートタイム労働者についてはいわゆるパートタイム労働法（「短時間労働者の雇用管理の改善等に関する法律」）において均衡待遇（同8条）および均等待遇（同9条）の規定がありましたが，有期雇用労働者については均衡待遇（労働契約法20条）については規定があるものの，均等待遇については明確な規定がありませんでした。

3 改正後

　今回，パートタイム労働法の名称が従来の「短時間労働者の雇用管理の改善等に関する法律」から「短時間労働者及び有期雇用労働者の雇用管理の改善等に関する法律」（いわゆる「パートタイム・有期雇用労働法」）に改められ，有期雇用労働者を含むものとされました。この改正により，以下の手当がなされるようになりました。

　なお，同法の施行日は2020年4月1日ですが，中小企業における改正規定の適用は2021年4月1日からとなります。

(1)　均衡待遇規定について，基本給，賞与等といった待遇ごとに，当該待遇の性質・目的に照らして適切と認められる事情を考慮して判断されるべき旨を明確化（改正法8条）

(2)　有期雇用労働者も均等待遇規定の対象とする（改正法9条）。

(3)　均等待遇規定・均衡待遇規定の解釈の明確化のため，ガイドライン（指針）の策定根拠を規定（改正法15条）。

　これを受ける形で通達が発出され（基発0130第1号職発0130第6号雇均発0130第1号開発0130第1号平成31年1月30日），さらにガイドライン（平成30年厚生労働省告示第430号）が公表されました。

　ガイドラインは通常の労働者と短時間・有期雇用労働者および派遣労働者との間に待遇の相違が存在する場合における不合理性の判断および具体例を示したものとされています。

4　派遣労働者の場合

　派遣労働者については，上記のパートタイム労働者などと異なり，「雇用関係にある派遣元事業主と指揮命令関係にある派遣先とが存在する」という特殊性があります。さらに，派遣先の規模によって給与水準等に差があることを踏まえ，派遣元事業主には，①派遣先の通常の労働者との均等・均衡待遇の禁止（派遣先均等・均衡方式，改正派遣法30条の3），または②一定の要件を満たす労使協定による待遇の決定（労使協定方式，同30条の4）のいずれかを確保することが義務化されました。さらに，その前提として，派遣先から情報提供を行うこととされました（同26条7項，いずれも施行日は2020年4月1日）。

5　医療法人について

　医療法人についても基本的に3および4の議論が妥当しますので，ガイドラインなどを踏まえた対応が必要です。

（弁護士法人照国総合法律事務所　弁護士　折田 健市郎・社会保険労務士　浦口 由佳）

(21) 労働者に対する説明義務の強化

 Q21 法改正により，労働者に対する説明義務の強化が図られたと聞きました。その具体的内容について教えてください。

■ポイント

> 雇用形態にかかわらない公正な待遇の確保のため，雇用者と被用者の間での情報の格差を前提として，一定の範囲について情報提供が義務化されました。

A

1 現 行 法

　非正規雇用労働者において，正規雇用労働者との間での具体的な雇用条件を知ることは容易ではなく，雇用者側のみが具体的な情報を持っていることがあります。そのため，非正規雇用労働者が自分の待遇の公平性を知ろうとする場合，雇用主からの情報提供が重要となります。

　こうした情報提供について，現行法でも一定程度の説明義務は存在していました。まず，待遇内容や待遇決定に際しての考慮事項に関する説明義務について，短時間労働者については雇入れ時における特定事項（昇給・賞与・退職手当の有無等）に関する文書交付（改正前の「短時間労働者の雇用管理の改善等に関する法律」，いわゆるパートタイム労働法6条1項）および雇用管理措置の説明義務（同14条）がありました。

　また，派遣労働者についても，雇入れ時における待遇決定に際しての考慮事項に関する説明義務（派遣法31条の2第1項）がありました。

　他方，有期雇用労働者についてはこのような規定は存在しませんでした。

　さらに，説明義務の内容についても，説明義務の対象は基本的に本人の待遇に関することのみとされており，正規雇用労働者との待遇差の内容やその理由については説明義務がありませんでした。

2 改 正 法

　改正法ではこうした規定を改め，非正規社員は，正社員との待遇差の内容や理由などについて，事業主に対して説明を求めることができるようになります。

　具体的には，待遇に関する説明義務の強化として，有期雇用労働者の雇入れ時における雇用管理上の措置の内容（賃金，教育訓練，福利厚生施設の利用，

正社員転換の措置等）に関する説明義務を創設しました（改正後の「短時間労働者及び有期労働者の雇用管理の改善等に関する法律」，いわゆるパートタイム・有期労働法14条1項）。

また，労働者から求めがあった場合，正社員との間の待遇差の内容・理由等を説明する義務を創設しました（同14条2項）。

さらに，こうした説明を求めた労働者に対し，解雇その他の不利益な取扱いを行うことを禁止する規定を定め（同14条3項），説明義務の要求と説明義務の履行について労働者の保護を図ることとしました。

これらの規定については，従来の短時間労働者に加え，有期雇用労働者についても対象とされています。

次に，派遣労働者についても，派遣元に対し，雇入れ時・派遣時，さらに派遣労働者から求めがあった場合に，同様の説明を行う義務が課されます（派遣法31条の2各項等）。

これらを図示すると以下のとおりとなります。

【改正前→改正後】○：説明義務の規定あり　×：説明義務の規定なし

項目 ＼ 対象	パート労働者	有期雇用労働者	派遣労働者
雇用管理上の措置の内容（※）（雇入れ時）	○ → ○	× → ○	○ → ○
待遇決定に際しての考慮事項（求めがあった場合）	○ → ○	× → ○	○ → ○
待遇差の内容・理由（求めがあった場合）	× → ○	× → ○	× → ○
不利益取扱いの禁止	× → ○	× → ○	× → ○

※賃金，福利厚生，教育訓練など（厚生労働省作成パンフレットより）

（弁護士法人照国総合事務所　弁護士　折田 健市郎・社会保険労務士　浦口 由佳）

(22) 行政による履行確保措置・行政ADR整備

Q22 非正規雇用労働者との間の紛争への対応などについて，行政機関などの関わり方および手続きを教えてください。

■ポイント

> 非正規雇用労働者について待遇の不均衡などを生じた場合，労使交渉などによる解決を図ることが原則的対応と言えます。しかしながら，労使関係の力関係の違いを背景として，行政機関などを通じた協議措置などが規定されています。

A

1 現 行 法

労使間の紛争が生じた場合における援助措置として，まず行政による報告徴収・助言・指導等があります。これは，紛争となっている当事者に対し，行政機関が助言および指導を行うことにより，解決策の提示と当事者による自発的な解決を促すものです。

このほか，直接的な紛争の解決方法である調停手続きについても規定があり，調停員が入ることで協議による解決を目指すこととされています。

これらの制度のうち，行政による報告・助言・指導制度については，現在の法制度では短時間労働者（改正前の「短時間労働者の雇用管理の改善等に関する法律」，いわゆるパートタイム労働法24条）・派遣労働者（派遣法48条）については規定がありますが，有期雇用労働者については規定がありませんでした。

さらに，行政による裁判外紛争解決手続（調停など）についても，短時間労働者のみ規定がありますが（パートタイム労働法25条），有期雇用労働者・派遣労働者は規定がありませんでした。さらに，短時間労働者についても，均衡待遇規定に関する紛争は対象外とされていました（パートタイム労働法22条参照）。

2 改 正 法

改正法では，労働者との間における苦情や紛争について，事業主における自主的解決を基本的な方針としながらも（改正後の「短時間労働者及び有期労働者の雇用管理の改善等に関する法律」，いわゆるパートタイム・有期労働法22条，改正派遣法47条の4），短時間労働者と有期雇用労働者を同一の法制度に

組み込んだことに伴い，事業主に対する助言・指導等の根拠規定を整備しました（パートタイム・有期労働法24条）。

　また，有期雇用労働者・派遣労働者について，行政による裁判外紛争解決手続（行政ADR）の根拠規定が整備されました（パートタイム・有期労働法25条，改正派遣法47条の7）。

　さらに，均衡待遇や待遇差の内容・理由に関する説明についても行政ADRの対象に加えられました（パートタイム・有期労働法22条，改正派遣法47条の4以下）。

　なお，雇用主および派遣元事業主ならびに派遣先は，労働者がこれらの制度を利用したことを理由として，労働者を不利益に扱うことは禁止されています（改正法24条2項，改正派遣法47条の6第2項）。

　これらを図解すると以下のとおりとなります。

【改正前→改正後】

○：規定あり　△：部分的に規定あり（均衡待遇は対象外）　×：規定なし

項目 ＼ 対象	パート労働者	有期雇用労働者	派遣労働者
行政による助言・指導など	○ → ○	× → ○	○ → ○
行政ADR	△ → ○	× → ○	× → ○

（厚生労働省作成パンフレットより）

3　労働審判制度等との関係・具体的対応

　上記のような行政機関を通じた紛争の解決以外に，裁判所が関与する紛争解決方法として労働審判制度および民事訴訟（裁判）があります。

　特に，均衡・均等待遇については多くの訴訟事例（最高裁平成30年6月1日付け判決など）を踏まえて議論が活発化していることを考えると，今後も「不合理な待遇差」等の意義をめぐって訴訟で争われることが予想されます。

　医療法人としては，法改正後の訴訟などの動向も注視しながら，可能な限り紛争を事前に回避・抑止することができるよう，合理的な賃金体系の整備に努めるべきです。

（弁護士法人照国総合事務所　弁護士　折田 健市郎・社会保険労務士　浦口 由佳）

㉓ 日本医師会の対応

Q23 医師の働き方改革について，日本医師会ではどのような取組みがなされていますか。

■ポイント

> 日本医師会では，医師の働き方検討委員会が設けられ，2017年６月から６回の委員会を経て，2018年４月に医師の働き方検討委員会答申が発表されています。

A 日本医師会では，これまで勤務医委員会を中心として，勤務医に関連したさまざまな調査や提言を進めてきました。2008年には新たに「勤務医の健康支援プロジェクト委員会」を立ち上げ，「勤務医の健康の現状と支援のあり方に関するアンケート調査」による実態の把握とそれに基づいた健康支援策の提言等を行っています。その後の活動は「勤務医の健康支援に関する検討委員会」に引き継がれ，「医師が元気に働くための７か条」「勤務医の健康を守る病院７か条」「勤務医の健康支援のための分析・改善ツール」が作成されました。

そして「医師の働き方検討委員会」では，2017年６月に「医師の勤務環境改善のための具体的方策─地域医療体制を踏まえた勤務医の健康確保策を中心に─」という会長諮問を受けて，厚生労働省における「医師の働き方改革に関する検討会」の設置に先駆けて，答申がまとめられました（2018年４月）。

主な内容は，次の３点が論じられ，これに加えて日本医師会と各地区・地域の医師会の役割についても述べています。

・「勤務医の労務管理・ワークライフバランスの実現」
・「勤務医の労働安全衛生の充実」
・「地域医療を守る」

医師が奉仕の精神で患者のために尽くす一方，医師本人が健康を害している事例，命を失っている事例は決して少なくありません。医師の働き方は，まず医師の健康を確実に担保し，合わせて，地域医療体制を持続的・安定的に維持していくことで国民に安心・安全な医療を提供する，という両者のバランスを常に念頭に置いて考えることを決して忘れてはならないと答申は提言していま

す。

　医師の働き方改革では「地域医療の継続性」と「医師の健康への配慮」の2つを両立することが重要です。

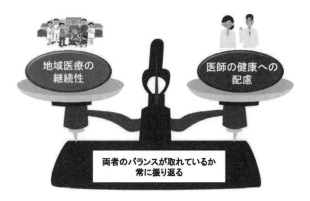

　医師の健康への配慮のためには，現行の労働基準法や労働安全衛生法などの再確認と勤務環境改善に取り組む決意を持つことが必要であり，また，地域医療の継続性を確保するためには，医療の質と量を満たさなければならず，そのために下記の提言がされています。

　　・医師への過度な負担により，医師の提供する医療の安全自体が脅かされぬよう，医療安全の面からの医療の質低下が起こらないような自己研鑽やキャリア形成
　　・医師以外でできる業務の移管（タスクシフト）による労働時間の短縮化
　　・予防事業推進による医療提供量の適正化および地域の医療機関の機能分化の適正化を進め限りある医療資源の最適化

　　　　　　　　　　　　「日本医師会　医師の働き方検討委員会答申より抜粋」

　　　　　　　　　　　　　　　（Apro's 税理士法人　税理士　赤松 和弘）

(24) 日本看護協会の対応

Q24 働き方改革をはじめ，日本看護協会が取り組んでいることについて教えてください。

■ポイント

> 2019年度，公益社団法人日本看護協会は，看護基礎教育制度改革の推進，地域包括ケアにおける看護提供体制の構築，看護職の働き方改革の推進，看護職の役割拡大の推進と人材育成の４つの政策に取り組んでいます。

A 公益社団法人日本看護協会（以下「同協会」という）は，医療看護の課題解決に向け，上記の４つの政策に取り組んでいます。ここでは，政策の１つである看護職の働き方改革の推進について掲載されている内容を主に紹介します。なお同協会のホームページにはPDFにてダウンロードできる冊子など有益な情報が多く掲載されています。

1　看護職の働き方改革の推進に向けて

①　看護職の賃金実態や給与に関する基本的事項

同協会では「看護職が働き続けられる環境づくりの推進」という理念を掲げています。この理念の下，専門職としてのキャリアアップや充実感の持続，使用者側の病院で人材確保が図れるよう，「複線型人事制度」と「等級制度」の組み合わせからなる看護職の適正な評価のための望ましい賃金モデル「病院で働く看護職の賃金のあり方」を提案しています。

②　働き方改革関連法施行に伴い，看護職が知っておくべき事項

働き方改革関連法による時間外労働の罰則付き上限規制導入や，年次有給休暇年５日取得の義務付けなどをはじめQ＆A形式で看護職が押さえておきたいポイントが紹介されています。

③　同協会会員からの労働に関する質問事項

ここでは実務に役立つ会員からの問合せについて，Q＆A形式で次の８つのテーマが紹介されています——1）採用（派遣），2）待遇（労働条件の変更），3）労働時間，4）超過勤務・時間外労働の未払い，5）休暇・有給休暇，6）夜勤・当直，7）育児・介護，8）多様な勤務形態導入に向けて。

④　看護職の労働安全衛生に関する事項

ヘルシーワークプレイス（健康で安全な職場）の実現に向けたガイドラインが2018年３月に公表されました。ガイドラインは「業務上の危険要因への組織的対策・個人としての対策を通じた安全な職場づくり」と，「生涯を通じて働くための看護職自身の健康づくり」を両輪としています。

⑤　夜勤・交代制勤務

2013年２月に公表した「看護職の夜勤・交代制勤務に関するガイドライン」の全文などが掲載されています。また，1947年の労働基準法制定，1963年の人事院判定（夜勤は複数で月８回以内を改善目標とするいわゆる「２－８判定」）に始まる，看護職の夜勤に関連する社会と行政の動きが年次ごとにまとめられています。

⑥　はたらくナースの相談窓口

超過勤務，夜勤など看護職の労働時間問題専門の相談窓口がメールで相談を受け付けています。また，看護学生や再就業という「はたらく」をサポートする「はたさぽ」を全文公開しています。さらに，労働問題に関して頼れる相談先やトラブルを解決する方法なども掲載されています。

⑦　看護職の労働時間の管理

時間外勤務，夜勤・交代制勤務等緊急実態調査の実施背景などの情報，時間外勤務を減らすマネジメントの技や有給休暇取得への取組みが掲載されています。

2　地域に必要な看護職確保の推進に向けたナースセンター機能の強化・拡大

地域包括ケアシステム推進に向けて看護職の確保を実現するためのｅナースセンターや看護職の離職時等の届出専用サイト「とどけるん」が設けられています。

（Apro's 税理士法人　税理士　赤松 和弘）

(25)　働き方改革の税制上の優遇

 働き方改革を実践する医療機関について，税制上の優遇はあるので
しょうか？

■ポイント

> 2019年度の税制改正により，働き方改革を実践する医療機関が行
> う設備投資（労働時間短縮に資する一定の設備など）については，
> 特別償却が可能となりました。

A　**1　改正内容**

　　　医師が長時間労働の実態にあることを踏まえ，地域における安全で
質の高い医療を提供するため，医師・医療従事者の労働時間短縮に資する一定
の設備について，特別償却ができることとされました。具体的には，医療機関
が，都道府県に設置された医療勤務環境改善支援センターの助言の下に作成し
た医師等勤務時間短縮計画に基づき取得した器具・備品（医療用機器を含む），
ソフトウェアのうち一定の規模（30万円以上）のものについて，普通償却限度
額に加え，特別償却限度額（設備等の取得価額の15％に相当する額）まで償却
することが可能となりました。

2　適用要件および適用対象

①　対象者：青色申告書を提出する法人または個人で医療保健業を営むもの

②　適用期間：2019年4月1日から2021年3月31日までに取得または製作の
上，事業の用に供することが必要となります。

③　対象となる設備等（医政局長・医政発0329第39号）

　　　制度の対象となる勤務時間短縮用設備等は，原則として以下の類型1～
5のいずれかに該当する設備で1台または1基の取得価額が30万円以上の
ものとなります。ただし，以下の類型1～5に該当しない設備等でも，勤
務時間短縮用設備等の製造メーカーまたは販売会社が医師等医療従事者の
労働時間削減につながるような性能として，従来の製品より3％以上の効
率化をうたっているものは制度の適用対象に含まれます。

類型1：労働時間管理の省力化・充実に資する勤務時間短縮用設備等

　　　（例）勤怠管理を行うための設備等

類型２：医師の行う作業の省力化に資する勤務時間短縮用設備等

　　　　（例）書類作成時間の削減のための設備等

類型３：医師の診療行為を補助または代行する勤務時間短縮用設備等

　　　　（例）医師の診療を補助する設備等

類型４：遠隔医療を可能とする勤務時間短縮用設備等

　　　　（例）医師が遠隔で診断するために必要な設備等

類型５：チーム医療の推進等に資する勤務時間短縮用設備等

　　　　（例）医師以外の医療従事者の業務量の削減に資する設備等

3　適用に際して必要な手続き

本制度の適用を受けるために必要な手続きは以下のとおりです。

① 　当該医療機関が所在する都道府県内の医療勤務環境改善支援センターの助言を受け，医師等勤務時間短縮計画を作成すること。

② 　①で作成した医師等勤務時間短縮計画について，勤務時間短縮設備等を記載した場合には，医療勤務環境改善担当課（室）長の確認を受けること。

③ 　勤務時間短縮用設備等を取得または製作し，事業の用に供した上で，事業供用日の属する事業年度において特別償却を行うこと。なお，当該設備を事業の用に供してから６か月経過後，医師の労働時間の短縮に関する記録を医療勤務環境改善支援センターに提出する必要があります。

4　計画の変更

計画作成後に修正が生じた場合は，再度，医療勤務環境改善担当課（室）長の確認を受け，青色申告書への添付が必要となります。

5　制度適用の検討

以上のとおり，特別償却の利用に際しては，医療勤務環境改善支援センターの助言および医療勤務環境改善担当課（室）長の確認等，取得および製作前の事前手続きが必要となります。そのため，特別償却の制度を利用しようとする場合，制度利用の可否自体を含め，早い段階から検討を開始すべきです。

（税理士法人照国総合事務所　税理士　内野 絵里子）

㉖　固定残業代制

Q26
当院は固定残業代制を採用しており，勤務医には残業代も含める趣旨で，高額の年俸を支払っています。このような場合に，別途残業代を支払う必要はあるのでしょうか。

■ポイント

> 固定残業代制を採用していても，当然に残業代の支払いを免れるわけではありません。それどころか，固定残業代制が無効と判断された場合は，高額の残業代を支払うリスクもありますので，注意が必要です。

A
　固定残業代制とは，使用者が労働者に対して，給与支払いの際に，一定額の残業代を織り込んで支払う制度です。

　もっとも，固定残業代制を採用しているからといって，使用者は，当然に残業代の支払いを免れるわけではありません。現実に支払われた残業代が，法定の計算方法によって算定された残業代を下回る場合には，不足部分について残業代を支払う必要があります。また，このような検討を行う前提として，基本給や諸手当について，「通常の労働時間の賃金に当たる部分」と「割増賃金に当たる部分」とを判別できなければなりません。そのため，こうした判別ができない場合は，固定残業代制は無効とされます。

　この点について，医療機関と勤務医との間で，残業代も含め，1,700万円という高額の年俸を支払うことが合意されていた事案において，最高裁は「上告人と被上告人との間においては，…時間外労働等に対する割増賃金を年俸1,700万円に含める旨の本件合意がされていたものの，このうち時間外労働等に対する割増賃金に当たる部分は明らかにされていなかったというのである。そうすると，本件合意によっては，上告人に支払われた賃金のうち時間外労働等に対する割増賃金として支払われた金額を確定することすらできないのであり，上告人に支払われた年俸について，通常の労働時間の賃金に当たる部分と割増賃金に当たる部分とを判別することはできない。したがって，被上告人の上告人に対する年俸の支払により，上告人の時間外労働及び深夜労働に対する割増賃金が支払われたということはできない。」と述べて，固定残業代制の有効性を否定しました（最高裁平成29年7月7日・判タ1442号42頁）。

　このように，たとえ固定残業代制を採用していても，法定の残業代の支払い
を免れることはできません。しかも，固定残業代制が無効と判断された場合，
これまで残業代のつもりで支払っていた部分は，単なる基本給の支払いであっ
たとみなされてしまいます。その結果，①固定残業代込みの金額を基本給とし
て残業代が算定されてしまい（基本給の高額化），②これまで固定残業代とし
て支払ってきた部分を差し引くことなく，①を基に算定された残業代全額の支
払いを命じられることとなります（残業代への充当の否定）。

　したがって，固定残業代制が無効と判断された場合，医療機関が支払うべき
残業代は極めて多額になってしまうリスクがありますので，特にこの点を注意
する必要があります。

　この最高裁判例を踏まえ，厚生労働省は平成29年7月31日付けで「時間外労
働等に対する割増賃金の適切な支払いのための留意事項について」（基監発
0731第1号）を公表しました。

　同通達では，固定残業代制を採用する場合の留意点として，「①基本賃金等
の金額が労働者に明示されていることを前提に，例えば，時間外労働，休日労
働及び深夜労働に対する割増賃金に当たる部分について，相当する時間外労働
等の時間数又は金額を書面等で明示するなどして，通常の労働時間の賃金に当
たる部分と割増賃金に当たる部分とを明確に区別できるようにしているか確認
すること。②割増賃金に当たる部分の金額が，実際の時間外労働等の時間に応
じた割増賃金の額を下回る場合には，その差額を追加して所定の賃金支払日に
支払わなければならない。そのため，使用者が『労働時間の適正な把握のため
に使用者が講ずべき措置に関するガイドライン』（平成29年1月20日付け基発
0120第3号）を遵守し，労働時間を適正に把握しているか確認すること。」の
2点を挙げています。

　このように，固定残業代制を採用する場合には，「通常の労働時間の賃金に
当たる部分」と「割増賃金に当たる部分」を明確に区別することに加え，労働
時間を適正に管理・把握しておく必要があります。

（弁護士法人東法律事務所　弁護士　東 健一郎）

27 医師の労働時間

 残業代を算定する上での労働時間とは，具体的にどのような時間をいうのですか。宿日直や自己研鑽の時間も労働時間に含まれるのですか。

■ポイント

> 残業代を算定する上での労働時間とは，「使用者の指揮命令下に置かれている時間」をいいます。宿日直勤務の時間や自己研鑽の時間も，その実態を踏まえた上で，労働時間に該当するか否かが判断されることとなります。

 　　　使用者は，法定の労働時間を超えて労働者を働かせた場合には，残業代を支払わなければなりません（労働基準法第37条）。

　残業代を算定する際の労働時間とは，「使用者の指揮命令下に置かれている時間」をいいます（最判平成12年3月9日・民集54巻3号801頁，平成29年1月20日付け「労働時間の適正な把握のために使用者が講ずべき措置に関するガイドライン」）。

　勤務医において，労働時間に該当するか否かが問題となり得る場面として，宿日直勤務の時間や，自己研鑽の時間が挙げられます。

1 宿日直勤務の時間について

　宿日直勤務の時間については，常態としてほとんど労働する必要がない点に着目し，労働基準監督署長から許可を得たものは，労働時間規制の適用除外となります（労働基準法41条3号，労働基準法施行規則第23条）。

　この許可に関し，「医師の働き方改革検討会報告書」を踏まえ，令和元年7月1日付け基発0701第8号「医師，看護師等の宿日直許可基準について」が発出されました。当該通達では，許可の対象である「特殊の措置を必要としない軽度の，または短時間の業務」について，近年の医療現場の実態を踏まえた具体的な例示等がなされています。

　もっとも，宿日直勤務について断続的労働として許可を得た場合も，労働の実態が，通常の労働時間内の勤務と同等と評価された場合は，宿日直時間全体を基に多額の残業代が発生する可能性があるので注意が必要です（奈良県立病院産科医師事件・大阪高判平成22年11月16日労経速2093号3頁は，このような

観点から，宿日直勤務全体を基に残業代を算定しました）。

2　自己研鑽の時間について

(1)　自己研鑽の時間の取扱いについては，行政実務上，使用者の指示・命令等の有無に着目して，労働時間に該当するか否かが判断されており，裁判実務上も同様の傾向にあります。

(2)　もっとも，医師の自己研鑽にはさまざまな実態があります。そのため，「医師の働き方改革検討会報告書」を踏まえ，令和元年7月1日付け基発0701第9号「医師の研鑽に係る労働時間に関する考え方について」が発出されました。

　　　同通達では，所定労働時間外において医師が在院して行う研鑽の取扱いについて，上司や先輩である医師から研鑽を推奨されている等の事情があっても，業務上必須でない行為を，自由な意思に基づき，所定労働時間外に，自ら申し出て，上司の明示・黙示による指示なく行う時間については，一般的に労働時間には該当しないとしています。その上で，研鑽の類型に応じ，以下の例外が示されています。

①　「一般治療における新たな知識，技能の習得のための学習」：診療準備または診療に伴う後処理として不可欠なものは，労働時間に該当する。

②　「博士の学位を取得するための研究および論文作成や，専門医を取得するための症例研究・論文作成」：研鑽の不実施について就業規則上の制裁等の不利益が課されているため，その実施を余儀なくされている場合や，研鑽が業務上必須である場合，業務上必須でなくとも上司が明示・黙示の指示をして行わせる場合は，労働時間に該当する。

③　「手技を向上させるための手術の見学」：見学中に診療を行った場合については，当該診療を行った時間は，労働時間に該当する。また，見学中に診療を行うことが慣習化・常態化している場合は，見学の時間すべてが労働時間に該当する。

　　　その上で，同通達では，医療機関等に対し，研鑽の労働時間該当性を明確化するための手続きおよび環境の整備に取り組むよう求めています。

（弁護士法人東法律事務所　弁護士　東 健一郎）

㉘　同一労働同一賃金

Q28　当院には複数の非正規雇用労働者がいます。今回の働き方改革で，同一労働同一賃金のルールが定められたそうですが，どのような影響がありますか。

■ポイント

> 同一労働同一賃金とは，正規雇用労働者と非正規雇用労働者の不合理な待遇差を解消するための制度です。法律の施行に備えて，早い段階から不合理な待遇差の有無の確認・是正を進めておく必要があります。

A　同一労働同一賃金とは，正規雇用労働者（無期雇用・フルタイム労働者）と，非正規雇用労働者（有期雇用労働者，パートタイム労働者，派遣労働者）との間において，基本給や賞与などあらゆる待遇について不合理な待遇差を設けることを禁止するルールです。

　同一労働同一賃金は，従業員が300人以下の医療機関では2021年4月1日から，300人超の医療機関では2020年4月1日から施行されます。

　以下では，有期雇用労働者・パートタイム労働者の場合と派遣労働者の場合に分けて説明します。

1　有期雇用労働者・パートタイム労働者の待遇について，通常の労働者の待遇との間において，業務の内容および当該業務に伴う責任の程度といった職務の内容，当該職務の内容および配置の変更の範囲，その他の事情（例えば，有期雇用労働者が定年に達した後に継続雇用された者であること等）を考慮して，不合理と認められる待遇差が禁止されます（短時間労働者及び有期雇用労働者の雇用管理の改善等に関する法律（以下「法」という）第8条，均衡待遇）。待遇差が不合理か否かは，基本給や賞与，役職手当，食事手当，福利厚生，教育訓練等，個々の待遇ごとに，当該待遇の性質・目的に照らして判断されます。

　また，有期雇用労働者・パートタイム労働者について，職務の内容，職務の内容および配置の変更の範囲が通常の労働者と同一である場合は，有期雇用労働者・パートタイム労働者であることを理由として，基本給，賞与その他の待遇のそれぞれについて，差別的取扱いをすることが禁止されます（法

第9条，均等待遇）。

　均衡待遇・均等待遇について注意すべきは，あくまで正規雇用労働者と非正規雇用労働者との間で不合理な待遇差・差別的取扱いが禁止されているだけであり，合理的な区別は許容されているということです。

　もっとも，「短時間・有期雇用労働者及び派遣労働者に対する不合理な待遇の禁止等に関する指針」（同一労働同一賃金ガイドライン・平成30年12月28日付け厚生労働省告示第430号）では，待遇差に区別を設ける際の理由付けについて，「通常の労働者と短時間・有期雇用労働者との間で将来の役割期待が異なるため，賃金の決定基準・ルールが異なる」等の主観的または抽象的な説明では足りないとしています。

　そのため，正規雇用労働者と非正規雇用労働者との間で待遇差を設ける際には，その理由について，客観的・具体的な実態に照らして検討される必要があります。

2　派遣労働者の場合，実際に勤務する派遣先と，給与を支払う派遣元が異なるため，どちらの給与水準に合わせるかという問題があります。すなわち，派遣先に合わせた場合，派遣先が変わる度に給与が変わることとなり不安定になります。他方，派遣元に合わせた場合，派遣先における同一労働同一賃金が成り立たなくなります。

　こうした状況を踏まえ，今般の法改正では，派遣元事業主が，以下の2つの方式のどちらかを選択して遵守すべきこととしました（労働者派遣法第30条の3第1項，同第2項，同法第30条の4第1項）。

　① 派遣先の労働者との均衡待遇・均等待遇を確保すること
　② 労働者の過半数で組織する労働組合または労働者の過半数代表者との間で，賃金の決定方法等一定の要件を満たす労使協定を締結し，当該協定に基づいて待遇を決定すること。

3　以上の点を踏まえ，医療機関は冒頭で述べた施行時期までに，労働者の構成や正規雇用労働者と非正規雇用労働者の待遇差の有無，待遇差があればその理由について再確認し，問題があれば改善を図る必要があります。

（弁護士法人東法律事務所　弁護士　東 健一郎）

㉙ LGBTの法的問題点

Q29 近年，LGBTについて社会的関心が高まっていますが，就労の場面において，法的な観点からは，医療機関はどのような点に注意すればよいですか。

■ポイント

> LGBTとは，性的マイノリティを総称する用語です。LGBT対応に関する法的問題について，まだ十分な議論はなされていないものの，まずは性的指向・性自認の多様性を認識することが重要となります。

A 　　LGBTとは，レズビアン（Lesbian），ゲイ（Gay），バイセクシャル（Bisexual），トランスジェンダー（Transgender）のそれぞれの頭文字をとった単語で，性的マイノリティを総称する用語として用いられています。以下では，就労の場面におけるLGBT対応の留意点について説明します。

1　採用の場面における留意点

　従業員を採用する医療機関には採用の自由があり，採用の前提として広範な調査の自由が認められています。

　もっとも，厚生労働省がホームページ上で公表している「公正な採用選考の基本」では，「障害者，難病のある方，LGBT等性的マイノリティの方（性的指向及び性自認に基づく差別）など特定の人を排除しないことが必要です。」とされており，LGBTであることを理由とする採用拒否は，不合理な差別だと判断される可能性があります。また，応募者がLGBTか否かということは，職業上の能力・技能や従業員としての適格性とは無関係である上，応募者の人格やプライバシーを侵害することにも繋がりかねません。

　そのため，医療機関がLGBTであることを理由に採用を拒否したり，応募者がLGBTであるか否かを調査したりすることは，応募者に対する不法行為となり得るので注意が必要です。

2　就労の場面における留意点

　⑴　LGBTに対するセクシュアルハラスメントについて，「事業主が職場に

おける性的な言動に起因する問題に関して雇用管理上講ずべき措置についての指針」（セクハラ指針・平成28年8月2日付け厚生労働省告示第314号）では，「職場におけるセクシュアルハラスメントには，同性に対するものも含まれるものである。また，被害を受けた者の性的指向又は性自認にかかわらず，当該者に対する職場におけるセクシュアルハラスメントも，本指針の対象となるものである。」として，LGBTに対する言動もセクシュアルハラスメントに該当することが明示されました。

　そのため，事業主である医療機関は，LGBTに対するセクシュアルハラスメントを防止するために，①セクシュアルハラスメントに対する方針等の明確化やその周知・啓発，②被害者からの苦情や相談に対応するための体制の整備，③セクシュアルハラスメントが生じてしまった場合の迅速かつ適切な対応措置等を講じる必要があります。

(2)　このうち，上記①に関して，厚労省労働基準局監督課が2019年3月に公表した「モデル就業規則」が参考となります。同就業規則では，「性的指向や性自認への理解を深め，差別的言動や嫌がらせ（ハラスメント）が起こらないようにすることが重要です。」という前提の下，第15条にて，「性的指向・性自認に関する言動によるものなど職場におけるあらゆるハラスメントにより，他の労働者の就業環境を害するようなことをしてはならない。」という規定が設けられています。

(3)　なお，②および③に関して，被害に遭った当事者が，職場にてLGBTであることを公表していない場合の取扱いにも留意する必要があります。性的指向や性自認に関する情報は，本人にとって極めてセンシティブな情報であり，本人の同意なく第三者に口外した場合（これをアウティングといいます）には，別途不法行為が成立する可能性があります。

3　まとめ

　LGBT対応に関する法的問題は，まだ十分な議論はなされていません。そのような中で，医療機関としては，多様な性的指向・性自認があることを認識し，不当な差別をなくすよう努めることが重要となります。

（弁護士法人東法律事務所　弁護士　東 健一郎）

第3章

働く人，システムの改革

　第3章は，第1章，第2章を受けて「働き方改革」を配慮しながら医療機関で働く専門職である人と，それを有機的・効率的に動かすシステムの2区分に分けて，さらに3つの医療関連団体の，それらへの対応を20項目のQ&Aで，それぞれの末尾に示した著者の専門的な知見をもとに次のように示しています。

　ここで示したⅠおよびⅡの人・システムは，現状をふまえた改革（案）であり，一部重複するものもありこれがBestのものではなく，さまざまな「切り口」による改革施策がありうることをご了承ください。

（G-Net　公認会計士　松田　紘一郎）

30　勤務医師の勤務実態

Q30 勤務医師の勤務実態は過酷なものと聞いております。勤務医の勤務実態について教えてください。

■ポイント

> なぜ，勤務医師は過酷な勤務があるのでしょうか。医師不足や偏在もありますが，働き方のあり方や，診療科と勤務実態の明確化が必要となります。

A

1　医師の働き方について

　医師の勤務形態には勤務医と開業医があります。勤務医は病院や診療所で働き，開業医は自分で病院または診療所を経営しています。

　勤務医の場合，勤務する医療機関の種類によってその業務や勤務実態に違いがあります。例えば，勤務する医療機関には，大学病院，公的病院，民間の病院および診療所（有床または無床）がありますが，それぞれ地域における医療機関の役割が異なりますので医師の業務にも違いがあります。

　また医師になるには，医学部を卒業して医師国家試験に合格して医師免許を取得した後，2年間の臨床研修が義務付けられています。この臨床研修を終えて初めて一人前の医師として診療することができます。臨床研修を終えた医師は，研修医として大学の医局に入局するか，研修先の病院に就職するか，別の病院など医療機関に就職するかを選択し，医師としてのキャリアをスタートさせます。その後，専門医を取得する場合はさらに3年以上の研修を受け，専門医の資格取得後も最新の技術や知識を修練するために継続的に自己研鑽を積んでいきます。

　それぞれの医師の選択したキャリアにより，その後も3年刻みごとくらいに医師としてのステップアップの時期があり，同時に医師としての技量と責任が増し，病院などの組織の中での働き方にも違いが出てきます。

　また，専門とする診療科，勤務する地域の特性，勤務する医療機関の役割機能および自身の年齢と職場における地位などの条件により，その働き方にも違いが生じてきます。

2　各勤務形態における勤務実態について

　先にも触れましたが，勤務医師は，診療科，勤務地，医療機関の役割機能，年齢と地位などの違いにより勤務の中身にも差がありますが，勤務実態は激務の場合が多く見受けられます。

　「医師の働き方改革に関する検討会」（厚生労働省）で調査された「勤務医に関する各学会等による実態調査」のデータからその要約を示すと，以下の表のようになります（統計の取り方の違いがあるため，調査データを一部改編）。

項目	外科医	産婦人科医	小児科医
労働時間/ 1 週	平均78.5時間 （当直含む） 当直 2 〜 3 回/月	平均48.4時間 （当直除く） 他当直5.7回/月	平均65.3時間 （当直含む） 当直 4 回/月
On Call, 宅直, Second Call	3 〜 5 回/月	宅直＝37.3％ SC＝70.2％	30.3時間/月
月間完全休日	平均3.7日	－	最多4.0日以内

　「医師の勤務実態及び働き方の意向等に関する調査」（平成28年度厚生労働省）より「病院の常勤勤務医の診療科別勤務時間」を調べたところ，週当たりの勤務時間の全診療科（内科系，外科系，産婦人科，小児科，救急科，麻酔科，精神科，放射線科，臨床研修医）の平均は56時間28分という結果でした。中でも他の診療科と比較して相対的に長い勤務時間の診療科は，救急科，外科系，産婦人科であり59時間台で，臨床研修医は60時間55分でした。

3　過酷な勤務実態の背景について

　命を預かるという重責，医療安全，患者や家族との意思疎通，他職種および関係機関との協働，連携等，診療に携わる医師の仕事は強い精神的緊張を伴っています。加えて，古くからある医師固有の責任観と職業観，ますます専門化，高度化してきている医療と要求される高い技術水準など，多様な要素が絡み合っています。これらが医師の長時間勤務に結びつき心身の健康問題，離職や休職，さらなる医師偏在という悪循環を招いています。

（CMS　医業経営コンサルタント　飛田 勝弘）

㉛　勤務医師の勤務環境改善

Q31 医師の勤務環境改善への方向性はどのような方針で進んでいくのでしょうか。

■ポイント

> 勤務医師の勤務環境の改善のためには，2024年4月から施行される医師の時間外労働の上限規制の考え方を理解し対応すべきです。

A

1　勤務環境改善の方向性について

　「平成29（2017）年6月5日労働政策審議会建議」において，医師の時間外労働の上限規制について，

・時間外労働規制の対象とするが，医師法に基づく応召義務等の特殊性を踏まえた対応が必要。

・具体的には，改正法施行5年後を目途に規制を適用。

・医療界の参加の下で検討の場を設け，質の高い新たな医療と医療現場の新たな働き方を目指し，2年後を目途に規制の具体的なあり方，労働時間の短縮等について検討し，結論を得る。

としました。

　その上で医師の勤務環境改善策として，①タスク・シフティングやAI等を活用した診療業務の効率化，②医療機関の労働時間管理と意識改革の推進，女性医師の活躍支援，③時代や技術の変化を踏まえた医師の応召義務（医師法第19条）のあり方，④医療の質と安全を担保し，医師の健康確保を措置した時間外労働規制の上限の設定を論点として，現在検討が行われています。

2　厚生労働省の「医師の働き方改革に関する検討会」での議論の進捗

　第22回の「医師の働き方改革に関する検討会（2019年3月28日）」（厚生労働省）において，医師の時間外労働の上限規制（暫定特例水準）についての報告書（案）が示されました。規制の適用は2024年4月からとなっています。

　医師の時間外の上限規制は，「A水準」（原則案：診療従事勤務医に適用される水準），「B水準」（地域医療確保の暫定特例水準），「C水準」（集中的技術水準）の大きく3パターンに区分され，さらに「C水準」は「C-1」（初期・後期研修医）と「C-2」（臨床6年目以降の医師で高度技能の育成の場）の2類

医師の時間外労働規制について（抜粋）

一般原則

【時間外労働の上限】

（例外）
・年720時間
・複数月平均80時間
（休日労働含む）
・月100時間未満
（休日労働含む）
→年間6ヶ月まで

（原則）
1ヶ月45時間
1年間360時間

【追加的健康確保措置】

2024年4月～

※この（原則）については医師も同様。

A：診療従事勤務医に
2024年度以降
適用される水準

年960時間／月100時間（例外あり）
※いずれも休日労働含む

B：地域医療確保暫定特例水準
（医療機関を特定）

年1,860時間／月100時間（例外あり）※いずれも休日労働含む →将来に向けて縮減方向

C-1 C-2
集中的技能向上水準
（医療機関を特定）

C-1：初期・後期研修医が，研修プログラムに沿って基礎的な技能や能力を修得する際に適用
※本人がプログラムを選択

C-2：医籍登録後の臨床従事6年目以降の者が，高度技能の育成が公益上必要な分野について，特定の医療機関で診療に従事する際に適用
※本人の発意により計画を作成し，医療機関が審査組織に承認申請

将来
（暫定特例水準の解消
＝2035年度末）後）

将来に向けて縮減方向

C-1 C-2

A

年960時間（例100時間（例外あり）
※いずれも休日労働含む

月の上限を超える場合の面接指導と就業上の措置（いわゆるドクターストップ）

追加的健康確保措置　省略

出典：第22回医師働き方改革に関する検討会参考資料1　抜粋・一部改編

型に区分されています。

　医師以外の医療従事者にも適用される一般原則を含んだ時間外労働上限の枠組みの全体像は前頁の図のようになっています。

　この図の暫定特例水準の解消年は2035年度末になっています。各医療機関は時間的余裕があるからといって，勤務環境改善に係わる改善に無関心ではいられません。この働き方改革は，各医療機関がそれぞれの地域の中でいかに生き残っていくかという熾烈な戦いでもあります。勤務時間の短縮は就業規則などの職場の諸規則を改定すればできるものではありません。地域に必要とされる医療機関であり続け，地域医療を通じて社会貢献するためには，医療の質とその継続的提供を担保する高い生産性が必要になります。これを実現できる職場環境を作り上げるには，組織（チーム）としての仕事のあり方の改善が重要になってきます。このような改善は一朝一夕に実現するものではありません。今から職場組織が一丸となって働き方改革のための仕事の見直しと組織改善を計画的に進めていく必要があります。

時間外労働上限規制の枠組み全体の整理

出典：第21回医師の働き方改革に関する検討会資料（H31.3.16）一部改編

	一般原則	診療従事勤務医（に2024年以降）週所定される水準　連続勤務時間制限＋勤務間インターバル等（努力義務）	地域医療確保 暫定特例水準　連続勤務時間制限＋勤務間インターバル等（義務）	集中的技能向上水準　連続勤務時間制限＋勤務間インターバル等（義務）
①通常の時間外労働（休日労働を含まない）		月45時間以下・年360時間以下		
②「臨時的な必要がある場合」の上限・月の時間外労働時間数（休日労働を含む）の上限	月100時間未満 ※月45時間を超えることができる月数は年間6ヶ月以内	月100時間未満（ただし、一定の健康確保措置を行った場合には例外あり）		
・年の時間外労働時間数（休日労働を含まない）	年720時間以下	年960時間以下	年1,860時間以下	年1,860時間以下
③36協定によっても超えられない時間外労働の上限時間（休日労働を含む）	月100時間未満、複数月平均80時間以下	月100時間未満（ただし、一定の健康確保措置を行った場合には例外あり）　年960時間以下	月100時間未満（ただし、一定の健康確保措置を行った場合には例外あり）　年1,860時間以下	月100時間未満（ただし、一定の健康確保措置を行った場合には例外あり）　年1,860時間以下

左記の時間数は、その時間までの労働を強制するものではなく、労使間で合意し、36協定を結べば働くことが可能となる時間であることに留意

- 時間外労働及び休日労働は必要最小限にとどめるべきであることに、労使は十分留意。
- 36協定の労使協議の場を活用して、労働時間短縮策の話し合いを協定で行う。
- 36協定上は、日・月・年・年単位での上限を定める必要がある。
  対象労働者の範囲や時間外労働を行う業務の種類は、36協定に規定する必要あり。
  「臨時的な必要がある場合」について規定する場合には、健康福祉を確保する措置を36協定に規定し、実施する必要あり。
  「地域医療確保暫定特例水準の適用」や、月100時間以上の時間外労働について36協定に規定し、追加的健康確保措置を実施する必要あり。

（CMS　医業経営コンサルタント　飛田　勝弘）

㉜　看護要員とは

Q32 看護要員にはどのような職種があって，その需給の状況および今後の推計はどうなっていくと予想されますか。

■ポイント

> 看護要員は看護職員と看護補助者からなりますが，マクロ的にはその需給推計をもとに対策を考えるべきです。

A　**1　看護要員とは**

　看護要員とは，看護職員と看護補助者をさします。これを分解して図示すると次のようになります。

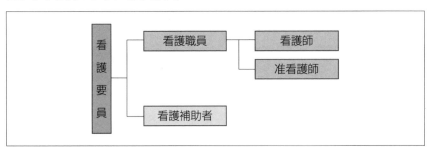

　上の図の看護師，准看護師の他に看護職員には「保健師」「助産師」がいます。「保健師」は保健指導を行う国家資格です。主な就職先は，保健所や市区町村役場，企業，病院などです。また「助産師」は出産の介助のほか，妊産婦や新生児の世話，保健指導などを行う国家資格です。

　医療機関，特に病院内において最も従業者数が多い職種は看護師と准看護師です。看護師は，傷病者や妊産婦の療養上の世話や診療の補助などを行う国家資格で，病院では医師のサポートをする重要な診療の補助者です。准看護師は，医師，歯科医師または看護師の指示を受けて，傷病者や妊産婦の療養上の世話や診療の補助などを行う都道府県知事の資格です。

　看護補助者は，近年，医療が高度化・複雑化する状況下において，安全で質の高い看護サービスを継続的に提供するために，看護職員と看護補助者がチームを組み，看護チームの一員として業務の補助を行う大切な職種です。その業務範囲は，医療に関する専門的判断を要さない業務であり，医療に関する免許を必要としない業務です。具体的には，病室のベッドメーキングなどの「生活

環境に関わる業務」，患者の身体の清潔の維持，排泄の世話，食事の世話など「日常生活に関わる業務」，さらに診療に関わる伝票など書類の準備・整備，入退院に関わる世話など「診療に関わる周辺業務」などがあります（日本看護協会「看護補助者活用推進のための看護管理者研修テキスト」参照）。

2　看護職員の需給推計と今後

　2014年の看護職員全体の人数は1,603,108人です。2年後の2016年には1,660,071人になり約57,000人増えています（厚生労働省医政局看護課）。看護職員の就業場所は，病院と診療所で80％以上を占めています。今後ますます高齢化が進み，医療・介護のニーズが増してくる中で，看護職員の需要（必要量）をどのように医療・介護現場に配分していくのかは重要な問題です。現実問題として，看護職員の地域偏在の問題，病院と在宅のバランスの問題，介護系の施設と居住系施設への配置の問題など，医療・介護の各施設の人員配置基準対応の問題と地域・現場の固有の事情とが複雑に絡んでいます。単純に看護の需要に対して不足する供給分を上乗せすればよいということではありません。

　地域の医療・介護サービスの提供体制と機能の完成度には地域差があります。この地域差により病院，在宅サービス，介護サービスなどの医療・介護資源への配分も異なります。慢性期医療や在宅医療，訪問看護を含む訪問系のサービスのニーズの把握は重要です。また地域における認知症の住民の増加に伴う対応も必要です。現場レベルでの対応力を単純に制度的な配置基準の充足度合いに委ねておくだけでは，看護・介護現場が疲弊することにもなりかねません。現場からの声をよく聞く必要があります。

　2025年に向け，必要とされる看護職員の数は約196万人～206万人といわれています。毎年3万人ずつ増加した場合でも必要数には届きませんが，必要数を算出する推計を全国一律の方法で行っても，過不足に対する機械的な調整なだけで，本質的な解決にはなりません。地域の固有の事情と合わせて，実態に合った施策を組み合わせながら問題解決することが大切です。加えて，ICTやロボットの活用などを含めて，看護・介護業務のあり方についても見直しと変革が必要です。

（CMS　医業経営コンサルタント　飛田 勝弘）

(33) **看護要員の人材確保**

Q33 看護職員および看護補助者の需給事情と，人材確保の対策および勤務環境改善の方向性について教えてください。

■ポイント

> 看護要員の需給事情を当面の課題としつつ，その働く職場・職種ごとの需給についての対策も考えるべきです。

A

1 施設類型による看護職員の需給事情について

　　施設類型ごとに看護職員の配置基準は，診療報酬または介護報酬による人員配置基準等によって決まっています。ここで施設類型とは，主に病院，診療所（有床，無床），老人保健施設および介護医療院などをさしますが，訪問看護事業所（医療保険・介護保険ともに），入所および通所の介護サービス事業所などもそれぞれ看護職員の配置基準が決められています。

　病院では，高度急性期，急性期，回復期および慢性期の4つの医療機能類型があり，それぞれの病院機能ごとに看護職員の配置定数が決められていますので，病院の多い地域では看護職員の需要が多く，確保が困難になっています。

　特に，高度急性期病院や急性期病院では，他の類型の病院よりも多くの看護職員が配置（7対1，10対1配置など）されており，これらの病院は人口の多い都市部や中核市に集中している傾向があり，看護職員の確保が一層困難になっています。また，人口減少が進む地方でも看護職員の確保難はより一層深刻な問題です。

　現在，地域医療構想により地域の病床機能の再編が進められています。地域でのニーズに合った医療提供機能を選択するようになり，リハビリによる身体機能の回復と在宅復帰支援などをする回復期機能へ転換する病院や慢性期の病院から介護医療院などの介護施設へ移行をする病院も徐々に増えています。これには急性期病院よりも回復期，慢性期などの病院や介護施設のほうが看護職員の配置が少なくてすむという利点もあります。

　在宅医療を担う訪問看護事業所（訪問看護ステーションも含む）や入所および通所の介護サービス事業所での看護職員の確保は困難な状況が続いています。

　看護職員の地域偏在により，地方の市町村・郡部の病院や介護施設では看護職員の補充ができずに，人材紹介会社を通じて看護職員を確保するケースが日

常的になってきています。人材紹介会社に支払う手数料が経営的にも相当な負担になっています。毎年新たに看護職員になる者も増加はしていますが，離職する看護職員も相当にいます。離職の理由には，「妊娠・出産」「結婚」「勤務時間が長い・超過勤務が多い」「夜勤の負担が大きい」「責任の重さ・医療事故への不安」などがあります。国の推計では，看護師として働いていない看護師が約71万人いるといわれています。この潜在看護師の復職を支援するため，国も離職後の看護職員が身近な関係で復職に関する情報提供，相談，支援（研修）などのお世話をしてくれるナースセンターを各都道府県に1つ設置し，各都道府県の看護協会が都道府県から指定を受けて運営しています。

2　看護補助者の需給事情について

　看護補助者については，先にも「看護チームの一員として業務の補助を行う大切な職種」であることは述べました。医師においても，看護職員においても，それぞれ医師の仕事，看護の仕事に専念して，安全で質の高い医療・看護サービスを継続的に提供することに傾注したいところですが，医療現場の実情はなかなか理想どおりにはいきません。この状況を解決するために，診療報酬において，2010年度改定から急性期医療を担う病院の医師や看護職員の負担軽減を推進するために「急性期看護補助体制加算」が新設され，次の24年度改定では看護補助者の夜間の配置も評価されました（「夜間急性期看護補助体制加算」）。このように看護補助者を配置することにより医師および看護職員の仕事の負担軽減に繋がり報酬上もプラスになることで，看護補助者に対する需要は急激に増加してきました。しかし，看護補助者の確保も看護師同様に困難です。看護補助者は医療に関する免許は不要ですが，その職能を有している者は不足しています。病院などの医療現場では，医師事務補助者や看護補助者体制の充実度の違いが，その職場環境の質と密接に関係しています。そのため各医療機関では看護補助者確保の方策として，時間単位，半日単位，業務単位など多様な勤務形態を用意し求人活動を行っています。

（CMS　医業経営コンサルタント　飛田　勝弘）

34　医療従事者の勤務環境改善

Q34　医師，看護師等，医療従事者の勤務環境改善の方向性について教えてください。

■ポイント

> 医師・看護師等の医療従事者の勤務環境改善の方向性については，医療機関の働き方改革を具体的施策まで突っ込んで吟味すべきです。

A

1　医師，看護師等，医療従事者の勤務環境改善の方向性について

2014年の医療法改正により，医療機関の管理者に勤務環境の改善に取り組むことの努力義務規定が創設されました。厚生労働省は，医療機関マネジメントシステムに関する指針を示し，各都道府県に「医療勤務環境改善支援センター」を設置し，医療労務管理および医業経営アドバイザーを配置して各医療機関の計画的な勤務環境改善への取組みを支援しています。これにより各医療機関の管理者は業務改善と組織改善を行い，医師や看護職等医療従事者が健康で安心して働ける環境の整備をし，質の高い医療の提供と医療安全の確保等をして，患者と職員の満足度の向上を図り，もって経営の安定に資するという好循環を作り出すことを目指しています。こうした取組みには，何よりも組織のトップ（理事長または院長）の意識改革と強いリーダーシップが不可欠で，相当なエネルギー（組織力）と時間が求められます。実際の医療現場では，改革の必要性を認識して具体的に着手している医療機関もありますが，必要性は理解していても，その取組み方法で足踏みをしているところ，さらには必要性そのものの認識が他人事のところもあるなどさまざまです。厚生労働省も各医療機関の経営者・管理職向けに，医療従事者の勤務環境改善に役立つ各種情報や事例を紹介して，職場環境の改善に取り組んでいる医療機関に対して新たな支援も行っています（略称・いきサポ）。

今，医療機関で始まっている具体的な働き方改革の取組みには，以下のようなものがあります。

①現場の意識改革，②業務の標準化―各部署協働で，相互の業務の守備範囲の分析と整備，③ワークシェアリング（業務の共同化）―チーム医療体制強化，かかりつけ医制度浸透，④ワークシフティング（業務の移管）―医師事務補助

者・看護補助者の配置，⑤健康管理措置―ストレスチェック分析，⑥女性医師の就労支援―出産・育児，介護等と医師業務の両立，短時間労働等多様な勤務形態の導入，⑦子育て支援―院内保育，学童保育，病児保育などの整備，出産・育児期の自己研鑽支援（これにより子育て世代の離職率逓減，キャリア継続，モチベーションアップ，人材確保の改善などが期待されている）。

2　医療機関における働き方改革の具体的施策の概要について

　2019年4月1日から全企業対象に働き方改革関連法が施行されました（中小企業で一部実施時期が延期される項目があります）。働き方改革の特徴は「労働時間法制」の見直しにあり，その主な内容は次のとおりです。①残業時間の罰則付き上限規制（医師は2024年4月から別基準で適用），②勤務間インターバルの制度の努力義務，③5日間の有給休暇取得の義務化，④割増賃金率の中小企業猶予措置の廃止，⑤労働時間状況の客観的な把握義務と健康管理強化，⑥1か月から3か月のフレックスタイム制への拡充など。なお①については医師の時間外労働の上限規制以外は，医療機関においてもすべての職種が，2019年4月1日からこの見直し法制の適用を受けます。医師についてもA水準960時間，B水準1,860時間，C水準1,860時間の上限規制が示されており，5年先の2024年4月から適用されます。5年の猶予があるからといって時間の空費は許されません。5年以内に医師の時間外労働時間をこの上限内に短縮すべく業務改善，組織改善計画を作成し，職場環境の改善をしなければなりません。

　個々の医療機関において働き方改革に取り組み，医療従事者の勤務負担の軽減，労働時間の短縮などの勤務環境の改善や，医療の質の向上と生産性の向上を図ることは重要です。しかし，救急医療やへき地医療，周産期医療などの医療機関の機能特性，医療資源の大小による地域特性など一医療機関では解決できない課題もあり，こうした問題は自治体や地元医師会ならびに保険者なども主体的に関与し一体的に解決していかなければなりません。さらに，受診する患者や家族の医師へのかかり方を含めた理解も大切です。

（CMS　医業経営コンサルタント　飛田 勝弘）

㉟ 介護職員の人材不足

Q35 介護職員が深刻な人材不足と聞いています。現状はどうなっているのか，またどのような対応策がとられているかお教えください。

■ポイント

> 介護人材不足の解消のためには，介護市場の趨勢とともに介護人材の具体的な処遇改善についての対策を考えるべきです。

A

1 介護市場の趨勢と介護人材不足について

　2000年4月に介護保険がスタートして19年が経過しました。この間，要介護認定者数は657万人（2018年）と当初の3倍にまで拡大しました。このうち介護サービスの利用者数は，在宅サービスを中心に増加し，2016年4月には496万人（在宅および施設サービスの合計）と，3.3倍になっています。このように介護サービス利用者は確実に増加して介護市場は拡大していますが，同時に介護事業への参入企業も増加し競争が激しくなっています。

　競争の激化に加えて介護人材の不足も深刻化しています。2019年1月の介護職の有効求人倍率は4.24倍で全職業の平均を上回っています。介護人材が不足する原因には幾つかありますが，その1つに給与水準が低いこと，次にわが国の景気の好転により，介護現場のような3K職場（給与が安い，きつい，汚い）を避ける若者が増え，介護福祉士を目指す学生が減少したことなども影響しているといわれています。介護市場での競争の激化と介護人材不足で介護サービス施設などがフルオープンできずに経営が立ち行かなくなる事態も出てきており，この人材不足に起因した介護サービスの質の低下も懸念されています。

2 介護人材確保策について

　政府においても，必要な介護人材の確保と離職防止策ならびに介護サービスの生産性の向上などに総合的に取り組んでいます。具体的には，①介護福祉士を目指す学生への奨学金制度の拡充，②復職支援として，介護職に就く場合の再就職準備金貸付制度の導入，③介護施設等の職員のための保育施設の開設支援，④将来の見通しのきく賃金表を導入した介護事業者への助成，⑤介護職員の腰痛などの防止のための介護ロボット導入やICTの活用による業務の効率化と生産性の向上などの取組みを行っています（厚生労働白書2018，2019)。こ

れを受けて，勤務形態の多種多様化を進め，勤務時間，仕事の内容，勤務場所，勤務日など，多くのメニューの組み合わせで仕事ができる仕組みを作るなど勤務環境を整備することで，子育て中の主婦や定年後のシニア層など潜在的労働力需要を掘り起こす努力を積極的に行うことも求められています。一方，介護分野における新たな外国人材の受入れの仕組みについても，従来の「EPA（経済連携協定）―インドネシア，フィリピン，ベトナム―）の利用」，「外国人留学生の在留資格「介護」の取得」，「介護職種の技能実習の実施」の３つの制度に加えて，2019年４月より改正入管難民法に基づいた在留資格「特定技能１」が創設されて間口が広がり，今後，各介護事業者も積極的に外国人材の受入れを行っていくことが期待されています。

3　介護人材の処遇改善について

　さて，政府は介護人材の深刻な確保難に対する対策として，2012年度より「介護保険制度における現行の介護職員の処遇改善制度」を創設しました。介護職員の賃金の改善に充てることを目的とした制度で，算定要件は５段階（加算Ⅰ～Ⅴ）の区分で評価されています。創設後２回改正され，現在は月額金額で3.7万円～1.2万円までのランクで評価されており，2017年度末現在，約90％の事業所が加算Ⅰ～Ⅲを取得するに至っています。この処遇改善加算を取得するための要件には，「キャリアパス要件」（賃金体系の整備，研修の実施等，能力に応じた昇給の実施等）と「職場環境等要件」（賃金改善以外の職場環境の改善など）の取組みを実施することが求められます。他に事業所における介護福祉士資格保有者の割合，勤続年数，利用者の中重度対応の度合いなどによるサービスの質への加算もあります。

　2019年10月の消費税率の引上げと同時に増税分を財源に，現行の制度にさらに上乗せの新たな処遇改善加算（「特定処遇改善加算」）が創設されました。具体的には，「Q41」を参照してください。

（CMS　医業経営コンサルタント　飛田 勝弘）

㊱ 介護事業者

Q36 介護人材に係わる介護事業者の経営環境について，また介護人材の処遇改善制度の課題とサービス提供の考え方について教えてください。

■ポイント

> 介護人材に係わる介護事業者の経営環境は，その処遇改善を具体的に実施し，サービス提供のチーム介護（医療）などの高度化を図ることが重要です。

A

1　介護人材に係わる介護事業者の経営環境について

　　政府の介護職員の処遇改善の施策は，介護人材の確保，就業促進，離職防止に一定の効果を生んでいますが，反面，加算取得のための要件には，介護福祉士の在職割合やその勤続年数など要件があり，またサービス提供体制でも中重度の利用者への対応の実態などサービスの質を問われる要件もあります。これらをクリアするためには，各介護事業者にはよりレベルの高い介護人材の確保と質の高い介護現場のマネジメントが求められます。こうした人員体制，サービス提供のマネジメント体制を整備し，安定した質の高いサービスを提供する介護事業所を運営していくためには相当な経営基盤が求められます。この制度を上手く活用できない中小・弱小の介護事業者は，淘汰されるか，あるいは，経営基盤の整った事業者を中心に業界再編の波に呑み込まれることが懸念されます。これにより地域の介護インフラの適正な配置を阻害し，そのしわ寄せがサービスの利用者に及んでいくようなことがあれば問題です。

　また今は，介護市場も拡大の一途を辿っていますが，今後，高齢者人口が減少し始める時になってもこの制度が持続できるのか疑問です。介護分野で仕事を続けようとする介護職の人生設計に沿うような，持続性を担保できる処遇改善制度でなければなりません。

2　介護人材の処遇改善制度の課題とサービス提供の考え方について

　介護事業所内には介護福祉士などの介護職員の他にも，多くの職種の職員が共に働いています。医療分野では「チーム医療」，介護分野でも「チーム介護」が求められる時代です。例えば，処遇改善の対象となる介護福祉士やホームヘルパー以外にも，看護師，准看護師，リハビリのセラピスト，ケアマネジャー，

栄養士，事務系職員および運転手など多くの職種があります。これらがチームを組んで連携してサービスを提供しています。もともと介護人材の処遇改善制度は介護職と他職種との賃金格差の是正による介護職確保と離職防止が目的で創設されたものです。しかし，この制度の運用の仕方によっては，介護職員とそれ以外の他の職種との間に処遇改善に関わる不公平感のようなものが出てこないとも限りません。他の職種の処遇改善にもこの制度の柔軟な運用ができるようにして，この制度が逆に勤務環境に悪影響を及ぼすような事態は避けたいものです。

　また，介護現場は介護サービス施設，事業所だけにあるわけではありません。病院や診療所などの医療施設にも介護の現場はあります。病院で看護チームの一員として業務の補助を行う看護補助者は，病室のベッドメーキングなどの「生活環境に関わる業務」，患者の身体の清潔の維持，排泄の世話，食事の世話など「日常生活に関わる業務」，さらに診療に関わる伝票など書類の準備・整備，入退院に関わる世話など「診療に関わる周辺業務」などを行っている今では大切な職種です。この看護補助者の行う業務は，介護サービス事業所では介護職員の行う業務でもあります。しかし，この処遇改善加算は介護事業所のみを対象としていますので，看護補助者のような医療施設の介護の現場の職員は，たとえ資格や業務が同じでも処遇改善の加算の恩恵を受けることはできません。同一法人や同一グループ内での，この同職種間での不公平感が業務のチーム力に悪影響を及ぼすことがないか懸念されます。

　実際に医療現場では，この不公平を改善するために医療機関の負担において処遇改善の加算の恩恵を受けることのできない介護職員（看護補助者など）の賃金アップをする必要に迫られている医療機関もあり，これが人件費増となって経営を圧迫しています。

（CMS　医業経営コンサルタント　飛田 勝弘）

㊲　介護現場における外国人労働者の必然性

Q37　なぜ介護現場に外国人労働者を受け入れる必要があるのですか。

■ポイント

> 少子高齢化によるわが国の介護人材の厳しい現状により，外国人
> 労働者の受入れをする施策，考え方を理解すべきです。

A　**1　介護人材を取り巻く現状について**

　　　超高齢社会を迎えているわが国は，2025年には団塊の世代のすべて
が満75歳を迎え，介護サービスの需要がますます増加することが予測される反
面，それを担う介護人材の全国的な不足傾向は拡大していきます。厚生労働省
の推計によれば，介護人材は2020年度末には約216万人，2025年度末には約245
万人が必要になります。介護職が不人気な理由は，仕事の内容に比べて賃金が
安いことがあげられます。実際に介護職の平均賃金は，産業別に見た場合，相
対的に低い傾向にあり，特に同じ介護現場でのホームヘルパーや介護福祉士な
どの介護職員は，看護師やリハビリのセラピストなどの他の職種と比較しても
相対的に低くなっています。介護人材の有効求人倍率は2010年以降，急速な上
昇傾向にありますが，待遇のよい他の産業分野への就業が増加し，深刻な介護
人材不足に陥っています。

　この介護人材不足を解消するために，政府もさまざまな対策を実施していま
す。深刻な介護人材の確保難に対する対策として，2012年度より「介護保険制
度における現行の介護職員の処遇改善制度」を創設し，介護職員の賃金の改善
を行ってきています。さらに多様な人材の確保・育成では，中高年者の介護現
場への新規参入策として，福祉人材センター，シルバー人材センター，ボラン
ティアセンターと連携し，将来介護分野への就労をする人材の掘り起こしと育
成を行うための研修や職場体験の実施やその人材を受け入れる介護事業者側の
仕事の仕方や管理の仕方などの環境整理の支援も行っています。離職防止，定
着促進，生産性向上については，介護ロボットの導入，ICTの介護現場での活
用による生産性の向上，さらには子育て支援のための事業所内保育施設の設
置・運営，加えてキャリアアップのための育成プログラムの充実などの促進の
支援も行っています。

2　外国人労働者の受入れについて

　わが国では，従来外国人労働者の受入れは「専門的・技能的分野」に限っていた経緯があり，「単純労働者」に位置付けられていた介護外国人労働者の受入れには消極的でした。少子・高齢化社会による要介護者数の増加と介護人材の不足が顕在化し各介護現場で深刻な問題になってきたことから，こうした状況を放置していると増加する要介護者への適切なサービスが提供できなくなることが問題視されました。こうした事情から，まずEPA（経済連携協定）によりインドネシア，フィリピン，ベトナムから2008年よりそれぞれの協定の発効により段階的に看護・介護士候補者の受入れを開始し，現在に至っています。今では，このEPAによる受入れを含めて4つの介護外国人労働者受入れの仕組みがあります。すなわち，介護分野における外国人材の受入れの仕組みは，従来の「EPA（経済連携協定）―インドネシア，フィリピン，ベトナム―の利用」,「外国人留学生の在留資格「介護」の取得」,「介護職種の技能実習の実施」，さらに2019年4月より改正入管難民法に基づいて創設された在留資格「特定技能1」の4つです。特に2019年4月に施行された「改正出入国管理・難民認定法（入管難民法）」による外国人労働者の受入れ間口の拡大は，わが国の人材不足が深刻な14業種（介護業，外食業，建設業など）を対象にした新たな「在留資格（特定技能1号）」制度です。これにより，政府は今後5年間で最大34万5,150人の外国人労働者の受入れを計画しています。特に「特定技能1」では，介護分野の人材の受入れ見込数は今後5年間で6万人を予定しています。今後こうした介護外国人労働者を受け入れ，介護人材として介護現場で日本人と一緒に働くためには，受入れ側にもいくつかの対応が求められます。例えば，外国人労働者を安価な単純労働者として扱わない，能力・技能が同等であれば処遇・労働環境も日本人と同等とする，言語能力の不足による意思疎通の欠如がサービスの質を損なわないよう職場における言語能力向上の支援を行い，利用者の不安を招かないようにするなどの対応は大切です。また，外国人労働者の確保において，地域や事業規模による偏在化が起きないような仕組みにする必要があります。

（CMS　医業経営コンサルタント　飛田　勝弘）

㊳　介護現場における外国人労働者受入れのしくみ

Q38　外国人労働者の受入れに関して，何種類かの手続きがあると聞いております。受入れ方法についてお教えください。

■ポイント

> 介護人材不足が恒常化するなかでの，外国人労働者受入れの種類，特徴，具体的な受入れ手順を理解すべきです。

A　**1　介護分野における外国人材の受入れの仕組みについて**

　　現在の外国人の受入れの仕組みは，次頁の図のような体系です。2019年4月に施行された改正入管難民法に基づいた在留資格による新たな制度（特定技能1号）を含めて，EPA（経済連携協定）（インドネシア，フィリピン，ベトナム）の利用，外国人留学生として在留資格「介護」の取得，介護職種の技能実習実施の4つの制度があります。

2　EPAによる受入れについて

　EPAにより3か国から今までに4,302人の介護福祉士候補者が来日し，そのうち757名が資格を取得しています（2019年1月1日現在）。

　介護福祉士候補者は，来日して介護施設や病院等で就労しながら4年後の国家資格の受験・合格を目指しています。わが国政府は介護福祉士候補者を支援するために学習支援策を実施しています。例えば，①外国人介護福祉士候補者受入施設学習支援事業（日本語学習，介護分野専門学習，医療分野学習，学習補助として候補者や受入施設に補助），②外国人介護福祉士候補者学習支援事業（候補者への日本語や介護分野専門知識学習の集合研修，通信添削指導，不合格者に対する再チャレンジ支援）などがあります。

　2019年度はEPAによる3か国からの候補者の受入れ枠は300人であり，受入調整機関である（公社）国際厚生事業団において受入れ手続きがとられました。

3　在留資格「介護」（留学生の受入れ）による受入れについて

　在留資格「介護」は，高齢化による高品質の介護サービスの需要の増加が予測されることと，介護福祉士資格の取得を希望する留学生が増加していることなどが背景にあり，2017年9月に新設された制度です（121頁の図参照）。

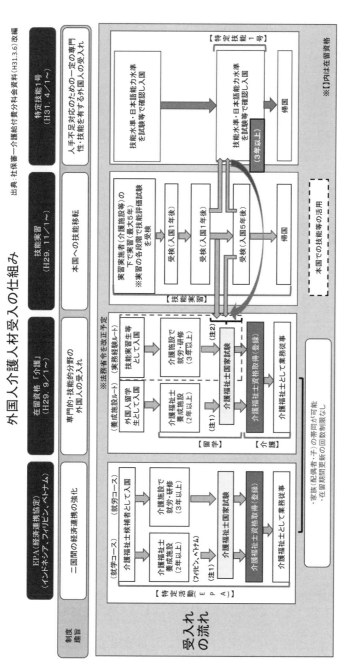

外国人介護人材受入の仕組み

政府は，留学生等を対象に相談支援センターを開設し，介護福祉士を目指す者の「ビザ」「学習のこと」「金銭面のこと」「日本語のこと」などの日常生活に関わる相談・支援を行っています。さらにより留学生等の学習が円滑にできるような施策の実施も予定しています。留学生は本国で日本語学習をしてN3（日本語能力試験）レベル程度で来日して，介護福祉士養成施設で修学をします。学資財源として日本の「介護福祉士等修学資金貸付制度」があり，この制度を利用して介護福祉士の資格を目指す留学生が増えています。

　介護人材不足に悩む介護事業者や病院等は，将来の介護人材の確保のために，各都道府県の「介護福祉士等修学資金貸付制度」の活用と自施設での就労（留学生には1週28時間を限度に就労が認められています）と住居（寮等）などの生活支援の手当をした上で，日本への留学プログラムを作り，EPA対象国はじめその他のアジア諸国から留学生を受け入れています。

4　介護職種の技能実習実施による受入れ

　技能実習制度に介護職種が追加されたのは2017年11月1日です。これを受けて技能実習希望者は，それぞれ本国で日本語学習をして「レベルN4」（望ましいのは「レベルN3」）までのコミュニケーション能力を習得して来日します。2018年12月末現在，介護職種の技能実習計画の申請件数1,516件中，認定件数は946件となっています。

　政府は，より多くの国の人材が日本語学習に活用できるようにテキストの多言語化（英語，インドネシア語，ベトナム語，中国語，クメール語，タイ語，モンゴル語，ミャンマー語）を図るなどさまざまな支援策を施しています。

5　特定技能1号による受入れについて

　特定技能1号は，介護分野に相当程度の知識または経験（利用者の心身の状況に合わせた介護サービスができる）を有し，日本語能力も生活面では日常会話ができる程度であり，かつ，介護日本語評価として介護現場で業務に支障のない程度の水準であることが求められます。また，介護福祉士資格の受験も4年目には目指せます。

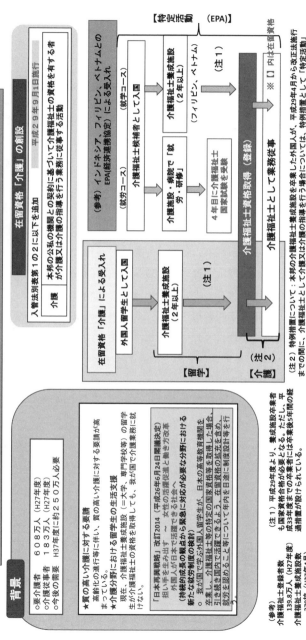

出典：厚生労働省「福祉・介護人材の確保に向けた取組について」(H30.9.6) 一部改編

（CMS 医業経営コンサルタント 飛田 勝弘）

㊴　介護現場における外国人労働者受入れのポイント

Q39　外国人労働者の受入れに向けた実務的な成功のポイントを教えてください。

■ポイント

> 介護現場で外国人労働者と共生するため，職場でのルール，言葉や生活習慣などについて，お互いに理解することが必要です。

A

1　賃金面についてしっかりと説明する

　　医療機関を含むすべての事業主（使用者）は，外国人を雇用した際には，日本人を雇用した際と同様の対応をしなければなりません。日本と外国とでは賃金の算定期間，支払回数，形態などが大きく異なっているため，採用時には十分に説明し，承諾を得ておくことが不可欠です。また，以下の原則等を踏まえた対応が求められることは言うまでもありません。

① 　賃金支払いの5原則の遵守や，賃金の差別的取扱いの禁止。

② 　最低賃金以上の賃金の支払いや，適切な割増賃金の支払い。

③ 　何らかの費用（寮の費用，食費，共済組合の掛金等）の賃金からの天引きは，労使協定が締結されている場合に限り，認められること。

2　社会・労働保険の取扱い

　外国人労働者も日本人労働者と同様に労災保険，雇用保険，健康保険および厚生年金保険に加入しなければなりません。その外国人を雇い入れることが決まった時点で，その者の雇用予定期間，所定労働時間，在留資格名，母国名等を把握したうえで担当行政機関等に問い合わせてください。各種保険料については，健康保険料の半額は事業所の負担であること，傷病手当や障害厚生年金などの各種給付があるといったメリットを強調し，理解を求めることも大切です。

3　労働安全面の配慮

　外国人労働者は，使用言語が異なるため業務上の意思疎通が十分行われにくく，指揮命令，安全衛生教育，安全衛生確認等が徹底しないおそれがあることや，日本の就労現場の作業環境，作業の形態，手順，機械化の度合いなどがその外国人労働者がそれまでに経験しているものと大きく異なることなどから，

ケガ，災害，病気等が発生することが懸念されます。

　このため，①各外国人労働者の理解・習得できる方法と言語で十分に安全衛生教育を行うこと，②就労現場での禁忌や緊急避難等も含め，安全衛生教育の際は，言語による伝達が不十分であるので，これを補うため，できるだけ絵，図，スライド，実物など視覚に訴えるものを用いたり，日本語と英語を併記するなどきめ細やかな対応を行うことが求められます。

4　文化の違いなどをお互いに理解し合う

　日本人と外国人が一緒に働く際に，業務を円滑に進め，円満な人間関係を築くためには，例えば，次のような点に十分留意することが必要です。

① 　日本人同士で通用する常識（慣行，判断基準，価値観その他），集団主義的な職場の規範などは，必ずしも外国人に対して通用しないと考えること。

② 　あいまいな表現は避け，「Yes」「No」をはっきりと言うこと。また，重要な事項について交渉する場合には，相互に誤解が生じないようにするため，内容，論点を記載した用紙に基づいて議論し，合意したことは署名入りの記録に残すべきです。

③ 　宗教上の優先事項（例えば，イスラム教徒の礼拝等），プライベートに対する考え方など，相手の外国人が生活・勤務等を行うに際しての価値基準，判断基準，行動基準を早くつかむこと。また，その外国人の母国の政治，宗教，人種等問題については，発言を控えるほうが無難と思われます。

④ 　宗教上の理由，健康上の理由などから当人が食べられない物，それとは逆にぜひ食べたい物をきちんと聴き，病院内の食堂や寮などでメニューに反映するようにします。一般的に，外国人は日本人に比べ，時間をかけて食事をとることも考慮に入れておくことが必要です。

⑤ 　地域のゴミの分別方法や，地震など災害の際の避難について教えるなど，生活上の情報提供・支援を行うことや，相談窓口を設けること。

⑥ 　外国人の日本語学習の後押しを積極的に行うと同時に，日本人の側も，一緒に働く外国人の母国語になじみ，習得することも心がけたいものです。

（CMC　医業経営コンサルタント　飛田 勝弘）

40　処遇改善のすすめ方

Q40　介護施設の介護職員には「処遇改善加算」という制度があると聞きました。どのような制度か教えてください。

■ポイント

> 介護施設の介護職員の処遇改善は，給与格差への対応をするとともに，介護職員処遇加算を理解し，制度として活用することです。

A

1　介護職員の給与格差の実態について

　　介護人材が不足する原因にはいくつかありますが，その1つに給与水準が低いこと，次にわが国の景気の好転により，介護現場のような3K職場（給与が安い，きつい，汚い）を避ける若者が増え，介護福祉士を目指す学生が減少したことなども影響しているといわれています。

　この介護人材不足と介護市場での競争の激化とで介護サービス施設などがフルオープンできずに経営が立ち行かなくなる事態も出現してきており，この介護人材不足に起因した介護サービスの質の低下も懸念されています。

　医療・介護の職場は，医師，看護師，准看護師，理学療法士，作業療法士，介護福祉士，ホームヘルパー，介護支援専門員，栄養士，調理員，事務系職員，運転手など多くの職種で成り立っています。介護職員の給与水準が低い傾向にあるのは，その他の同じ職場の他職種と比較しても，さらには産業計で比較しても明らかです。

2　介護職員処遇改善加算制度について

　政府は介護職員と他の職種との賃金格差（給与水準の相対的な低さ）が，介護人材不足の深刻な原因であると認識し，その対策として2012（平成24）年度より「介護保険制度における現行の介護職員の処遇改善制度」を創設し，介護職員の賃金の改善を行ってきています。制度の仕組みについては127頁の図を参照してください。

　2012年度から介護職員処遇改善加算制度（Ⅰ）を創設しましたが，政府は，2015年度に上乗せ（月額1.2万円）評価を行う区分（Ⅱ）を設けると共に，2017年度に，介護職員の技能・経験等に応じた昇給の仕組みを構築した事業者について，さらなる上乗せ（月額1万円）評価を行う区分（Ⅲ）を創設し介護

職員の処遇改善対策を実施しました。こうして，2017年度末時点で，90％の事業所が加算（Ⅰ）〜（Ⅲ）を取得している状況になっています。

　この処遇改善加算の取得のためには，介護事業者は，都道府県または市町村に加算の届出をします。このとき介護事業者は，介護職員処遇改善計画書，キャリアパス要件書等届出書などを作成し添付します。こうした事務的な手続作業は，処遇改善加算が，単に介護職員の賃金格差の是正に止まらず，事業所内の人材の活用，運用，さらにはそれらを効率的に行うマネジメント体制の整備が重要であることを示しています。

　介護現場の離職理由等でみると，その原因は賃金のみならず，職場環境や仕事内容に対する不満，人間関係の問題などが見受けられます。介護福祉士に限らず，共に働くすべての職種がやりがいをもって働ける職場環境の整備を促されています。これには事業所の経営体質（理念やビジョンが明確であるなど）のあり方も大きく影響します。

　この加算に加えて別途，サービス種類内の加算として「サービス提供体制強化加算」（要件：介護福祉士の割合，勤続年数），「特定事業所加算」（要件：中重度対応），「日常生活継続支援加算」（要件：介護福祉士の割合，重度対応）があります。

　5段階区分の高いレベルの介護職員処遇改善加算を取得している介護事業者は，介護サービスの利用者や職員，地域に対して自事業所（訪問系，居宅介護系，施設系）の「質」の高さを示していることになります。まさに，その介護施設あるいは事業所のサービスの「質」，経営の「質」が反映されているともいえます。

社保審－介護給付費分科会（H30.9.5）
資料2－部改編

介護人材の賃金の状況（一般労働者、男女計）

○介護職員について産業計と比較すると、勤続年数が短くなっているとともに、賞与込みの給与も低くなっている。

		平均年齢 （歳）	勤続年数 （年）	賞与込み給与 （万円）
産業別	産業計	41.8	10.7	36.6
職種別	医師	42.1	5.3	102.7
	看護師	39.3	7.9	39.9
	准看護師	49.0	11.6	33.8
	理学療法士、作業療法士	32.7	5.7	33.7
	介護支援専門員（ケアマネージャー）	48.0	8.7	31.5
	介護職員 【(C)と(D)の加重平均】	41.3	6.4	27.4
	ホームヘルパー（C）	46.9	6.6	26.1
	福祉施設介護員（D）	40.8	6.4	27.5

【出典】厚生労働省「平成29年賃金構造基本統計調査」に基づき老健局老人保健課において作成。
（注1）一般労働者とは、「短時間労働者」以外の労働者をいう。
（注2）「賞与込み給与」は、「きまって支給する現金給与額」に、「年間賞与その他特別給与額」の1/12を加えて算出した額。
（注3）「福祉施設介護員」は、児童福祉施設、身体障害者福祉施設、老人福祉施設その他の福祉施設において、入所者の身近な存在として、日常生活の身の回りの世話や介助・介護の仕事に従事する者をいう。

「介護職員処遇改善加算」制度（現行）

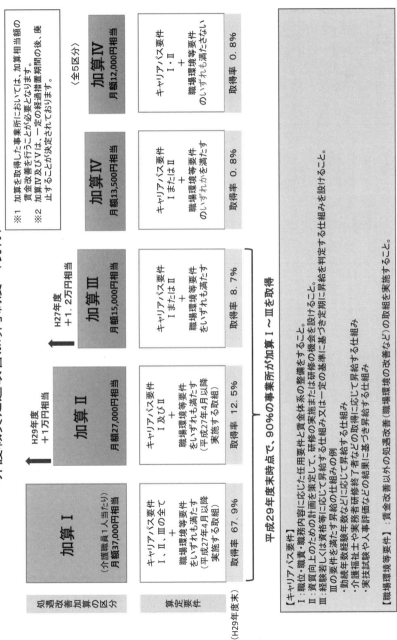

処遇改善加算の区分	加算I (介護職員1人当たり) 月額37,000円相当	H29年度 +1万円相当 加算II 月額27,000円相当	H27年度 +1.2万円相当 加算III 月額15,000円相当	加算IV 月額13,500円相当	〈全5区分〉 加算IV 月額12,000円相当
算定要件 (H29年度末)	キャリアパス要件 I, II, IIIの全て + 職場環境等要件をいずれも満たす (平成27年4月以降実施する取組)	キャリアパス要件 I及びII + 職場環境等要件をいずれも満たす (平成27年4月以降実施する取組)	キャリアパス要件 Iまたは II + 職場環境等要件をいずれも満たす	キャリアパス要件 Iまたは II + 職場環境等要件のいずれかを満たす	キャリアパス要件 I・II + 職場環境等要件のいずれも満たさない
	取得率 67.9%	取得率 12.5%	取得率 8.7%	取得率 0.8%	取得率 0.8%

※1 加算を取得した事業所においては，加算相当額の賃金改善を行うことが必要となります。
※2 加算IV及びVは，一定の経過措置期間の後，廃止することが決定されております。

平成29年度末時点で，90%の事業所が加算I〜IIIを取得

【キャリアパス要件】
I：職位・職責・職務内容に応じた任用要件と賃金体系の整備をすること。
II：資質向上のための計画を策定して，研修の実施または研修の機会を設けること。
III：経験若しくは資格等に応じて昇給する仕組み又は一定の基準に基づき定期に昇給を判定する仕組みを設けること。
　III の要件を満たす昇給の仕組みの例
　・勤続年数経験年数などに応じて昇給する仕組み
　・介護福祉士や実務者研修終了者などの取得に応じて昇給する仕組み
　・実技試験や人事評価などの結果に基づき昇給する仕組み

【職場環境等要件】：賃金改善以外の処遇改善（職場環境の改善など）の取組を実施すること。

（CMS　医業経営コンサルタント　飛田　勝弘）

41　処遇改善加算制度

2019年10月から消費税が増税になりましたが，それに伴い新たな加算制度がはじまると聞いています。どのような制度でしょうか。

■ポイント

> 介護職員の新たな処遇改善加算は，2019年10月からスタートした消費税増税を財源とする特定処遇改善加算であり，そのしくみ，対応を理解すべきです。

A　政府は，2019年10月の消費税率の引上げと同時に増税分の一部を財源に，現行の制度にさらに上乗せの新たな処遇改善加算（特定処遇改善加算）を創設しました。具体的には，同一の介護サービス事業所における勤続年数10年以上のベテランの介護福祉士について月額8万円の処遇改善を行う（「技能・経験のある介護職員の処遇改善」），または改善後の賃金が年収440万円以上になる者（役職者を除く）が1人以上いることなどを主眼として賃金を引き上げることになっています（この新加算の取得には，他にもいくつかの要件をクリアする必要があります）。

新たな加算制度の財源は，130頁の図のように公費（消費税増税分の一部）と保険料とで折半した2,000億円です。

新たな加算制度には，3つの配分のパターンがあり，どのパターンを選択するかは各事業所で選択できる仕組みになっています。しかし，「経験・機能のある介護職員」「その他の介護職員」「その他の職員」には，それぞれ資格要件と最低限の配分のルールがありますので，そのルールに沿って各事業所の裁量で配分を行うことになります。この制度には長く勤めたベテランを評価し賃金を上げることで職場定着を図る狙いもありますが，この制度を活用して職場内で，次の世代が目指すべき良きモデル（先輩）をつくるという人材育成の視点からも上手く利用したいものです。

一方，どう配分するかという事業所の判断も重要です。チームを大切にして働く介護の職場環境に悪影響を及ぼすような格差や疎外意識が生まれないよう注意が必要です。この新たな加算制度でも，現行の介護職員処遇改善加算と同様に，介護職員が従事していない訪問看護，福祉用具貸与，居宅介護支援（ケア・マネジメント）事業は加算の適用対象外です。加算対象サービス種類は，

現行の介護職員処遇改善加算と同様のサービス種類とすることになっています。

　新たな加算取得の要件として，▷現行の介護職員処遇改善加算（Ⅰ）〜（Ⅲ）を取得している事業所であること，▷職場環境等要件に関しては，①資質の向上，②労働環境・処遇の改善，③その他の各区分で1つ以上の取組みを行うこととして，例えば，働きながら介護福祉士取得を目指す者に対する実務者研修受講支援，新人指導担当者制度等導入，中途採用者に特化した人事制度の導入など，複数の取組みを行っていること，▷さらに処遇改善の取組みについてホームページへの掲載等を通じた「見える化」を行っていることがあげられています。

　また，特定処遇改善加算制度では，現行の5区分のうち処遇改善加算（Ⅰ）〜（Ⅲ）に上乗せする形です（131頁の図を参照）。その加算には「新加算Ⅰ」と「新加算Ⅱ」の区分がありますが，これは「勤続10年以上の介護福祉士をより多く配置している事業所（「新加算Ⅰ」）では，処遇改善のために多くの資源が必要であり，そうでない事業所（「新加算Ⅱ」）に比べてより多くの財源を配分すべきである」という考えに基づいて設定されたものです。しかし，「新加算Ⅰ」を取得するためには，サービス種類内の加算として「サービス提供体制強化加算」，「特定事業所加算」，「日常生活継続支援加算」および「入居継続支援加算」を取得していることが求められ，要件として高いハードルになっています。

　同一法人が複数の介護事業所を有している場合には，「一括した申請」を認めるほか，「経験・技能のある介護職員」の考え方については一定程度の裁量を事業所に認めることにしています（現行の加算制度と同様）。

　小規模事業所では，経験・技能のある介護職員について「月額8万円の改善」または「改善後の賃金が年収440万円以上になる者」の確保が困難なことなどから，新たな加算の取得適用に至るまでに一定の期間を要することが想定されることから，事業所の実態を踏まえて個別に判断することになっています。

新しい経済政策パッケージに基づく介護職員の更なる処遇改善

国費210億円程度
※改定率 +1.67%

○新しい経済政策パッケージ（抜粋）

介護人材確保のための取組をより一層進めるため、経験・技能のある職員に重点化を図りながら、介護職員の更なる処遇改善を進める。具体的には、他の介護職員などの処遇改善にこの処遇改善の収入を充てることができるような柔軟な運用を認めることを前提に、介護サービス事業所における勤続年数10年以上の介護福祉士について月額平均8万円相当の処遇改善を行う事を算定根拠に、公費1000億円程度を投じ、処遇改善を行う。

◆①経験・技能のある介護職員において「月額8万円」の改善又は「役職者を除く全産業平均水準（年収440万円）」を設定・確保
→リーダー級の介護職員について他産業と遜色ない賃金水準を実現
※小規模な事業所で開設して日が浅いである等、設定することが困難である場合は合理的な説明を求める。

◆平均の処遇改善額が、
・①経験・技能のある介護職員は、②その他の介護職員の2倍以上とすること
・③その他の職員（役職者を除く全産業平均（年収440万円）以上の者は対象外）は、②その他の介護職員の2分の1を上回らないこと
※①は、勤続10年以上の介護福祉士を基本とし、介護福祉士の資格を有すること
を要件としつつ、勤続10年の考え方は、事業所の裁量で設定
※①、②、③内での一人ひとりの処遇改善額は、柔軟に設定可能
※平均賃金額について、③が②と比べて低い場合、柔軟な取扱が可能

全て選択可能

加算率の設定

2000億円（公費1000億円程度）

・10年以上の介護福祉士の数に応じて設定
・加算率は二段階に設定

訪問介護 A%
訪問入浴介護 B%
通所リハビリ C%

ルールの設定 事業所の裁量も認めつつ一定

事業所内での配分

①経験・技能のある介護職員
②他の介護職員
③その他の職員

平均的処遇改善額の
①経験・技能のある介護職員
②その他の介護職員
③その他の職員

出典：社保審―介護給付費分科会 資料1（H31.3.6）一部改編

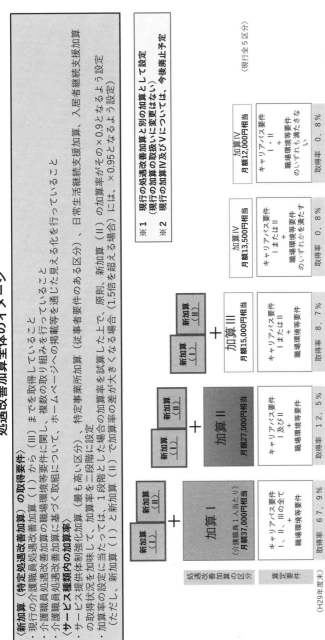

処遇改善加算全体のイメージ

〈**新加算（特定処遇改善加算）の取得要件**〉
・現行の介護職員処遇改善加算（Ⅰ）から（Ⅲ）までを取得していること
・介護職員処遇改善加算の職場環境等要件に関し，複数の取り組みを行っていること
・介護職員処遇改善加算に基づく取組について，ホームページへの掲載等を通じた見える化を行っていること
〈**サービス種類内の加算率**〉
・サービス提供体制強化加算（最も高い区分），特定事業所加算（従事者要件のある区分），日常生活継続支援加算，入居者継続支援加算
　の取得状況を加味して，加算率を二段階に設定
・加算率の設定に当たっては，1段階とした場合の加算率を試算した上で，原則，新加算（Ⅱ）の加算率がその×0.9となるよう設定
　（ただし，新加算（Ⅰ）と新加算（Ⅱ）で加算率の差が大きくなる場合（1.5倍を超える場合）には，×0.95となるよう設定

※1　現行の処遇改善加算と別の加算として設定
　　　（現行の加算の取扱いに変更はない）
※2　現行の加算Ⅳ及びⅤについては，今後廃止予定

〈現行全5区分〉

処遇改善加算の区分	加算Ⅰ		加算Ⅱ		加算Ⅲ		加算Ⅳ	加算Ⅳ
	新加算（Ⅰ）	新加算（Ⅱ）	新加算（Ⅰ）	新加算（Ⅱ）	新加算（Ⅰ）	新加算（Ⅱ）		
	（介護職員1人当たり）月額37,000円相当		月額27,000円相当		月額15,000円相当		月額13,500円相当	月額12,000円相当
算定要件	キャリアパス要件Ⅰ，Ⅱ，Ⅲの全て ＋ 職場環境等要件		キャリアパス要件Ⅰ及びⅡ ＋ 職場環境等要件		キャリアパス要件ⅠまたはⅡ ＋ 職場環境等要件		キャリアパス要件ⅠまたはⅡ ＋ 職場環境等要件のいずれかは	キャリアパス要件Ⅰ・Ⅱ ＋ 職場環境等要件のいずれかを満たさない
（H29年度末）	取得率 67.9%		取得率 12.5%		取得率 8.7%		取得率 0.8%	取得率 0.8%

出典：厚生労働省，社保審－介護給付費分科会第168回資料（H31.2.13）一部改編

（CMS　医業経営コンサルタント　飛田　勝弘）

㊷　処遇改善の将来的方向性

Q42
介護人材等の処遇改善の将来的方向性はどうなるでしょうか。

■ポイント

> 介護人材の将来的な課題は，同職種病院職員の処遇改善や，これ
> からの医療・介護サービスの対応の方針などに影響されます。

A

1　介護職員処遇改善の課題について

　　政府のこのような処遇改善の施策は介護人材の確保，就業促進，離
職防止に一定の効果をあげています。反面，加算の取得のためには，介護福祉
士の在職実績，サービスの質を問われるなど多くの要件があります。これらを
クリアするためには各介護事業者は，レベルの高い介護人材の確保と質の高い
介護現場のマネジメント体制が求められます。介護人材の確保難の中で，こう
した人員体制，サービス提供のマネジメント体制を整備し，安定した質の高い
介護事業所を運営していくためには相当な経営基盤が求められます。こうした
中で，もし中小・弱小の介護事業者が排除され，地域の介護インフラの適正な
配置を阻害し，そのしわ寄せがサービスの利用者に及んでいくようなことがあ
れば問題です。

　また，介護職員処遇改善加算は，介護サービスの対価として介護報酬に含め
て介護事業者に支払われるのではなく，事業者が加算取得の要件のレベルごと
に加算の算定額を国保連合会に請求し，受給後に介護職員の賃金に上乗せして
支払う仕組みになっています。今は，介護市場も拡大の一途を辿っていますが，
今後，高齢者人口が減少し始める時になってもこの制度が持続できるのかは疑
問です。本来賃金は企業の経営力とのバランスで決まるものですが，この経営
努力の視点が無視され，あてがい扶持に慣れてしまうことの弊害の有無が気が
かりです。さらに，介護事業所内には介護福祉士などの介護職員の他にも他の
多くの職種の職員が一緒に業務に従事しています。昨今，医療も「チーム医
療」，介護も「チーム介護」が求められます。例えば，処遇改善加算の対象と
なる介護福祉士やホームヘルパー以外にも，看護師，准看護師，リハビリのセ
ラピスト，ケアマネジャー，栄養士，事務系職員および運転手など多くの職種
がチームで働いています。現行の介護職員処遇改善加算制度も新たな特定処遇
改善加算制度も介護施設等で従事する介護職員を対象としています。このこと

を介護職員とそれ以外の他の職種との間に処遇に関わる不公平感として顕在化させてはなりません。

2　同種病院職員等の処遇改善について

　病院や診療所などの医療施設にも介護の現場はあります。病院で病室のベッドメーキングなどの「生活環境に関わる業務」，患者の身体の清潔の維持，排泄の世話，食事の世話など「日常生活に関わる業務」，さらに診療に関わる伝票など書類の準備・整備，入退院に関わる世話など「診療に関わる周辺業務」などを行っている看護補助者は，看護チームの一員として業務の補助を行う現在では大切な職種です。この看護補助者の行う業務は，介護サービス事業所では介護職員の行う業務と同じですが，処遇改善加算は介護施設等で従事する介護職員を対象としていますので，看護補助者は処遇改善加算の恩恵を受けることはできません。同一法人や同一グループ内での，医療と介護の現場の同職種間の処遇改善の取扱いは気苦労の多い事案です。

3　これからの医療・介護サービスへの対応の考え方

　これからの日本の社会はますます高齢化していき，人口も減少していきます。こうした中での，医療と介護の改革には財源論だけで解決しない問題が多くあります。医療も介護もそのサービスの需要やニーズは，公的な医療サービスや介護サービスの蛇口を閉めても，そのものが減るわけではありません。社会が高齢化すればそれぞれの需要やニーズは増えるばかりです。そして，これらの需要やニーズへの対応は公費，私費を問わずにマンパワーとハードが必要になります。

　これからの日本の経済は成熟経済で，あまり大きな成長は望めません。こうした時代には，公的なサービス体制と私的なサービス体制のバランスをとりながら社会全体でのコストを考えて，医療・介護需要とニーズを効率的に賄える仕組みの工夫が必要です。

（CMS　医業経営コンサルタント　飛田 勝弘）

(43) 定着化システム

Q43 医療機関において人材採用段階と採用後に安定的に定着させるにはどうしたらよいでしょうか。

■ポイント 医療機関職員定着には採用の段階で定着する人を見極めること。
職員同士のコミュニケーションを図ること。

A 職員の定着を安定化させるためには，まず第一に，採用の段階で，個人で評価するのでなく，複数の目で評価することが大切です。

例えば，一次面接では，事務長と医局長，看護部長。二次面接では，院長や理事というように複数の目で応募者を評価するプロセスを構築することが必要です。この際，社会保険労務士など外部の人材を入れるのも良いでしょう。

また，採用時に待遇面をしっかりと説明することも大切です。職員に不満が残らないようにしっかりした給与テーブルや手当額のルールを作成しましょう。

第二に，採用後早期に離職させないためには，職員がお互いに理解を深め，ハラスメントのない職場作りをすることです。時には研修も必要です。

その他で役に立つのが，各都道府県に設置してある医療勤務環境改善センターです。専門のアドバイザーが医療勤務環境改善マネジメントシステムの導入支援をしています（http://iryou-kinmukankyou.mhlw.go.jp/）。

医療勤務環境改善マネジメントシステムとは，医師，看護師，薬剤師，事務職員等の幅広い医療スタッフの協力の下，一連の過程を定めて継続的に行う自主的な勤務環境改善活動を促進することにより，快適な職場環境を形成し，医療スタッフの健康増進と安全確保を図るとともに，医療の質を高め，患者の安全と健康の確保に資することを目的としています。各医療機関において，それぞれの実態に合った形で，自主的に行っていく仕組みです。

まず，マネジメントシステム導入準備として，トップが方針を表明し，体制の整備を行います。次に，改善計画の策定として，各医療機関の現状を分析し，課題を抽出します。その上で医療勤務環境改善マネジメントシステム計画を策定します。計画策定（Plan），取組みの実施（Do），定期的な評価（Check），さらなる改善（Act）の順にPDCAを回していきます。

医療勤務環境改善の取組み例として，次の4つがあります。

1．働き方・休み方の改善
　・時間外労働の削減
　・休暇の取組み促進
　・夜勤負担の軽減策
　・多様な勤務形態の活用，勤務シフトの工夫
　・チーム医療，他職種の連携　等
2．働きやすさを確保するための環境整備
　・院内保育所や休憩スポットの設置
　・短時間正職員制度の導入
　・子育て・介護中の職員に対する残業免除
　・男性職員の育児休業取得
　・職員の安全確保（暴言，暴力等の対策）等
3．職員の健康支援
　・医療スタッフの健康診断の受診率向上
　・メンタルヘルス対策
　・感染症対策
　・腰痛対策　等
4．働きがいの向上
　・専門職としてのキャリア形成
　・法人内での人事ローテーション
　・産休・育休からの復帰後のキャリア形成の支援　等

　以上のことを行うことにより，人材の確保・定着，生産性の向上，スキルアップで「医療の質」の向上を図り，安全で質の高い医療を提供することで，「患者満足度の向上」につながります。そのことが，患者から選ばれる施設となり，経営が安定化し，勤務環境改善に向けた投資が進み「雇用の質」の向上につながるという好循環を生みます。人材定着は，職場環境の現状分析から課題を抽出し，計画的に改善していくことが大切です。

（くまがい社会保険労務士事務所　社会保険労務士　熊谷 一郎）

⁴⁴ "納得できる"給与システム

Q44 働き方改革を進めるうえで給与体系の見直しを検討しています。職員満足度を高めるために導入すべき給与システムについて教えてください。

■ポイント

> 働き方改革の実現に向けて，「時間外労働の上限規制」と「同一労働同一賃金」への対応が重要です。この2つに適合した給与システムを導入することで職員満足度の向上に繋がるでしょう。

Ⓐ **1 時間外労働の上限規制**

働き方改革関連法案では，原則月45時間，年360時間とする罰則付きの時間外労働の上限規制が導入されます。また，特別条項付き36協定を締結していれば，年間6か月を超えない期間内で限度時間を超えて時間外労働が可能となりますが，以下の要件をすべて満たす必要があります。

・年間の時間外労働は月平均60時間（年720時間）以内とすること

・単月100時間未満（休日労働を含む），2〜6か月平均80時間以内（休日労働を含む）とすること

医療機関は，働き方改革を進めるうえで残業時間の削減を検討する必要がありますが，職員からすれば「残業が減ると残業代が減ってしまうので困る」，「サービス残業が増えるのではないか」という不安があるのではないでしょうか。単純に残業時間を削減しただけでは，医療機関，職員双方ともにメリットはありません。「労働時間の短縮」と同時に，「職員の労働意欲の向上」と「業務の効率化」を図るためには，まずは，職員の働き方改革への意識を変えていく必要があります。

その方法として，例えば，残業時間の減少によって削減された残業代を，固定費としての基本給ではなく，別途手当や賞与といった形で還元するといった方法が考えられます。職員にとってはわかりやすく，医療機関の負担も少ない方法であり，業務の効率化によって勤務時間が減少したうえ，ボーナスが増加するとなれば，職員もより積極的に業務の効率化に取り組むことが期待されます。

2 同一労働同一賃金

同一労働同一賃金とは，正規・非正規の格差解消として，短時間・有期雇用労働者，派遣労働者と正規雇用労働者との不合理な待遇差を禁止するルールです。厚生労働省は，同一労働同一賃金を実現するためにガイドラインを作成しています。ガイドラインにおける給与支給のポイントは以下のとおりです。

・基本給の均等・均衡待遇の確保	基本給が職務，職業能力，勤続に応じて支払うものなど，その趣旨・性格がさまざまである現実を認めたうえで，それぞれの趣旨・性格に照らして，実態に違いがなければ同一の，違いがあれば違いに応じた支給を求める。昇給についても，勤続による職業能力の向上に応じて行おうとする場合には，同様の職業能力の向上には同一の，違いがあれば違いに応じた昇給を求める。
・各種手当の均等・均衡待遇の確保	賞与について，会社の業績等の貢献に応じて支給しようとする場合，同一の貢献には同一の，違いがあれば違いに応じた支給を求める。役職手当についても，役職の内容，責任の範囲・程度に対して支給しようとする場合，同一の役職・責任には同一の，違いがあれば違いに応じた支給を求める。

同一労働同一賃金といっても，一人ひとりの仕事の成果・能力を無視して同一の給与を支払うことまで求められているわけではありません。つまり，成果・能力の違いを評価し，その違いに応じた賃金を決定することは，同一労働同一賃金の枠内での合理的な運用ルールとして認められています。そのためには，従来型の「年功給」，「職能給」から「業績・成果給」，「役割給」，「職務給」へと賃金体系を変革することが求められます。

医療機関においては，雇用形態別に職員の役割，資格，能力を等級制度等によって体系化することが必要です。それぞれの役割や責任の度合いを等級によって示し，等級が上がると給与がアップする仕組みを取り入れ，評価基準を明確にすることにより，公平で納得感のある給与システムを構築することが可能となります。

(内海真樹公認会計士事務所　公認会計士　内海 真樹)

㊺　意思疎通組織（会議等）のシステム

Q45　働き方改革に取り組む中で，日々の業務でいかにスムーズに意思疎通および情報連携を実現すればいいのかについて教えてください。

■ポイント

> スムーズな意思疎通を実現するためには，生産性向上における共通認識・情報共有を目的として，社内コミュニケーションツールを利用するなどして，コミュニケーションを可能な限り効率化することが有効でしょう。

A

1　非効率的なコミュニケーションの削減の必要性

「働き方改革」により労働時間の短縮が想定されるため，業務の効率化を図った上で，生産性を向上させる必要があります。そのためには，非効率的なコミュニケーションを削減することにより業務のムダが減り，生産性を向上させるために，社内におけるコミュニケーションのあり方を改めて考える必要があります。

一般にコミュニケーションは，不足しても過剰であっても，業務の効率性や生産性の観点から問題であると言われています。例えば，業務に必要な情報共有が十分に行われていなかったり，他方，職員の役割や情報の伝達経路が明確でなく，不必要な情報についてもすべての連絡が行われたりすることで，業務に対して悪影響が生じてしまうことが考えられます。そのため，日々の業務でこのような非効率的なコミュニケーションを削減し，スムーズな意思疎通を実現するために，コミュニケーションを効率的に行うことが重要であるといえます。

2　会議の効率化

現状の課題や今後の施策などを共有し，それぞれの意見をすり合わせて意思決定をするためには会議はとても重要な場です。しかし，必ずしも効率的かつ生産性の高い会議が行われているわけではありません。会議の効率化のために以下の取組みが考えられます。

・アジェンダ（議題）の事前配布により報告時間を短縮し，議論の配分を重視することで，個人の意見や問題意識を主張する機会を増やす。

・会議の目的を明確化し，会議のゴールを設定する。

・会議時間は1時間など，あらかじめ終了時間を決定する。

・会議によってはペーパーレス化を実施する。

・距離の離れた拠点間の会議では，Web会議を利用する。

　参加者がただ漠然と会議に参加するのではなく，目的意識を持って参加することが会議の効率化に繋がります。また，Web会議システムを使えば，どれだけ離れた拠点同士であっても移動することなく各々のオフィスから会議に参加することが可能であり，情報伝達のスピードアップや移動時間の削減に繋がります。

3　メールからチャットへの移行

　業務上のコミュニケーションでは，依然としてメールでのやりとりが中心になっています。日常生活でのコミュニケーションは，さまざまなデジタルツールが登場して大きく進化しているにもかかわらず，現状の業務上のコミュニケーションの大半は，旧来のメールのままです。

　しかしながら，今後は，ビジネスコミュニケーションツールの利用が増えるであろうと予測がされており，最近では，「ChatWork」,「Slack」などのチャットコミュニケーションツールが提供され，注目を集め始めています。

　デジタルツールであるチャットを用いたコミュニケーションと，対面で集まる会議の使い分けを実施することで，固定的な会議時間を大幅に削減することに繋がります。さらに，会議以外の日常コミュニケーションでもチャットを基本手段として利用し，相談したいときにチャットでいつでも上司の判断を仰ぐ環境を実現できます。これにより，現場での意思決定リードタイムの短縮を実現できます。また，メールからチャットへコミュニケーションを移行することで業務上の会話が可視化され，組織内の連帯感が強まります。

　上記の会議の進め方を改めたり，コミュニケーションツールを導入したりするというアクションは，あくまでも例示にすぎません。まずは，職場内で実際に行われている非効率的なコミュニケーションについて協議をし，それを工夫しながら改善するための施策をとっていくことが，効率的なコミュニケーションの実現のための第一歩であると思われます。

（内海真樹公認会計士事務所　公認会計士　内海 真樹）

㊻　看護師の復職支援研修

Q46 看護師の復職支援研修を自施設で実施する際には，どのような手順があるでしょうか。

■ポイント

> 支援をする看護師の離職期間に合わせた研修内容にし，研修時には院内保育園の利用や職員のサポート等，研修参加者の負担や不安を軽減するような配慮と全院的支援が得られるように業務をシステム化しておきましょう。

A　専門性の高度な職種であり独占業務である看護師，その一人ひとりの業務経験は何ものにも代えがたいものです。看護師資格を持つ人は圧倒的に女性が多いため，20代〜30代の時期に，結婚・出産・育児という人生の転機を迎えます。人間関係を理由にする人もいますが，離職の理由のほとんどを結婚や妊娠，出産，育児が占めています。中には，生活のリズムが落ち着いたら，あるいは子供の手が離れたらまた看護師として働きたいと望んでいる人も少なくありません。

　しかし医療技術の進歩は日進月歩です。ほんの数年，職場を離れている間にも新しい医療機器や医薬品が次々登場し，以前習得した知識や技術では対応しきれないこともあります。復職前あるいは復職後すぐに，現状に見合った技術を習得してもらう教育機会が必要ですが，経験者研修は，就職後の簡単な説明・引継ぎや，配属先の師長に一任される程度であることがあります。結果的にギリギリの人数で仕事をしている職場では十分な知識を身につけることは難しく，復職者を迎える現場も不安を抱え，復職者にとっても「最新の技術や管理方法に追いつけない」と復職にためらう原因の大きな要因となっています。

　1992年に「看護師等の人材確保に関する法律」が制定されたことで，潜在看護師の復職支援は，行政から指定を受けた日本看護協会（中央ナースセンター）および都道府県の看護協会（都道府県ナースセンター）が積極的に研修や復職情報提供，登録事業等の看護職確保対策に向けた取組みを行っています。

　各医療施設でも独自に看護部門を中心に新しい専門職を迎え入れるという全院（員）的な支援のもとにシステム化して行うべきで，それが医業収入の増加による職員満足度経営の向上につながっていくはずです。復職支援を行うこと

で，「働きやすさ」が口コミで伝わり，看護師入職者が増加した医療機関の例もあります。復職の場合，家事や育児と仕事を両立させるために，常勤（正職員）ではなく，派遣やパートといった働き方を選ぶ看護師も多いため，勤務形態のバリエーションに応じたスタッフ運用も必要になります。

　全院的に実施するために必要な規程は，1）就業規則，2）短時間正規雇用職員就業規則，3）看護職復職マニュアル，4）病院内保育所運営規定看護師復職になります。これらの規程を更新あるいは策定し，業務システム化するためにまず，看護師復職支援の研修実施を目的としたワーキンググループを看護師を中心に8〜10名で結成します。ここで趣旨を徹底させることが大切です。医療機関内での要望，看護師専門職などの実態調査，不足数を明確化します。採用根拠を明確にして経営的にも採用可能かどうかの検討が必要です。潜在看護師については，都道府県ナースセンター，求人票，職業紹介書，既職者を調査・分析し，潜在看護師から要望等を確認しておきましょう。

　現場の要望および潜在看護師の要望を整合させて文章化します。この時，ソフトウェア・機器などの購入が必要な場合は予算化して委員会の承認が必要になりますが，文章化できたマニュアル原案は院長などの確認を受け，修正をします。合わせて教育研修規程，医療安全管理規定，病院評価機能との整合性も確認します。その後，求職者にマニュアルを試行し，修正が必要であれば修正をします。実施前に理事会で起案し，看護部長，理事会の承認を得ます。実施後も見直し，修正を行います。復職支援システム運用と関連する教育研修システム，医療安全管理システムも合わせて見直しをしておきましょう。

〔マニュアル作成時のポイント〕
　イ．潜在看護師の離職期間に合わせた復職研修で，他のシステム（例：保育所活用）と組み合わせること，ロ．院内保育所，短時間正規雇用システムなどの改正も，ニーズに合わせしていくこと，ハ．復職希望の潜在看護師3名くらいに1人のベテラン看護師を相談員（仮）とし，公私にわたる支援をすること，ニ．復職研修，短時間勤務などの間，一人ひとり別に経過観察できるようにし，不満の解消などに努めていくこと

（医業経営コンサルタント　江口 万里）

㊼　女性活躍推進法の助成金

Q47　女性活躍推進法が施行され，数値目標に達した施設に対し助成金が支給されると聞きました。その概要・申請方法などを教えてください。

　■ポイント

> 助成金は2種類あり，各コース1企業1回限りです。
> 行動計画等は「女性の活躍推進企業データベース」での公表が必要です。支給申請は目標を達成した日の翌日から起算して2か月以内に，管轄労働局長に提出します。

A　両立支援等助成金（女性活躍加速化コース）は女性職員の能力の発揮および雇用安定が目的です。女性活躍推進法に沿って，一般事業主行動計画の策定・公表等を行った上で，行動計画に盛り込んだ取組み内容を実施し，目標を達成した施設に，助成金が支給されます（2019年9月現在）。

（A）助成金の種類と支給金額

　イ　加速化Aコース

　　□行動計画に定めた当該取組目標を2つ以上達成した場合に支給，□支給額：38万円〈48万円〉（1事業主1回限り），□対象事業主：常時雇用する労働者が300人以下の事業主

　ロ　加速化Nコース

　　□行動計画に定めた取組内容を実施し，当該数値目標を達成した場合に支給，□支給額：28.5万円〈36万円〉（1事業主1回限り），□47.5万円〈60万円〉（常時雇用する労働者が300人以下の事業主において女性管理職比率が15％以上に上昇した場合のみ），□対象事業主：中小企業主（常時雇用する労働者が300人以下の事業主）で女性管理職比率が基準値以上に上昇させることが必要です。

　　※〈　〉内は，生産性要件を満たした場合の支給額です。

　　生産性要件については厚生労働省ホームページ「生産性要件を向上させた企業は労働関係助成金が割増されます」を参照ください。

（B）取組み内容と公表方法

　医療機関内での女性職員の活躍状況の把握を行い，課題を見つけましょう。申請上，必須項目があります。採用者に占める女性比率，勤続年数の男女差，労働時間の状況，管理職に占める女性比率の4点です。

　医療機関内の課題を見つけ，課題解決となる数値目標と長時間労働是正などの働き方改革に向けた取組みを盛り込んだ行動計画を策定しましょう。

　ただし，目標を設定しても達成状況を客観的資料で確認できない目標，適切な課題分析に基づかない目標，数値目標の達成に直接関連しない目標などは助成金支給の対象となりません。

　支給申請にあたっては，厚生労働省ホームページ「仕事と家庭の両立支援に取り組む事業主等のみなさまへ」を参照されるほかに都道府県労働局雇用環境・均等部（室）が問い合わせ先となっています。

　また行動計画の研修については本書「Q6　専門スキルアップ・教育研修」に記載されています。目標作成の際に参照ください。助成対象となる取組み目標は，施設が主体的に行う規定や制度の整備・施行・設備の導入，研修の実施などに限ります。計画策定後は，厚生労働省の「女性の活躍推進企業データベース」に登録しましょう。

　女性の活躍推進企業データベース（登録・修正）

　http://positive-ryouritsu.mhlw.go.jp/positivedb/index_kigyou.html

　本件は，取組み状況が可視化されているかどうかがポイントになります。

　また計画実施において一番重要なことは，各部門，部署で「やり続ける体制」ができていることです。看護師のシフト改革に取り組んだある中規模医療施設の看護部長は，「改革を行う」と決めてから，運用に問題が生じることや「この病棟では無理です」とスタッフから声が上がったそうです。この時，「運用できない理由は何か」「運用できるようにするには何をすればよいか」をスタッフと話し合い「改革の意義」「改革後の勤務負担軽減のメリット」を全員で共有し，プロジェクトを成功させています。

（医業経営コンサルタント　江口 万里）

48 退職・離職者の法制

Q48 医療法人病院ですが，退職・離職者を中心とした労基法等・改正のポイントについて教えてください。

■ポイント

> 労働基準法に定める基準に満たない労働契約や労働条件は無効であり，「ブラック法人」として報道される可能性もありえます。

A ### 1 基本的な考え方

「人手不足」が恒常化しているなかでも，高度の専門資格を有する人の集団でもある医療機関で，退職者が出ることは避けられないことです。問題はその退職事由で，定年・契約期間満了などの予定されたものから，"仕事内容への不満"，"労働時間への不満"から"別の職場からの誘い"や適切な対応・処置が必要なものまでさまざまです。

その真の原因調査については，Q10で示してあり，それがあることを前提に，職員の労働条件等については労働基準法等，その執行機関として労働基準監督署があり，質疑等を通じて密接な関係を結んでおくべきでしょう。

2 労働契約：労働基準法の留意ポイント

(1) 労働基準法違反の契約（13条）

労働基準法に定める基準に満たない労働条件は無効であり，無効となった部分は同法に定める基準が適用されます。

(2) 労働契約期間（14条）

労働契約の期間は，期間の定めのないものを除き，一定の事業の完了に必要な期間を定めるものの他は，3年（法定の業務に就く者を雇い入れる場合や，満60歳以上の者を雇い入れる場合には，5年）を超えてはなりません。

(3) 労働条件の明示（15条）

① 使用者が労働者を採用するときは，賃金，労働時間その他労働条件を書面などで明示しなければなりません。

ただし，労働者が次のいずれかの方法によることを希望した場合には，

以下のいずれかの方法とすることができるとされています（労働基準法施行規則5条4項）。

一　ファクシミリを利用してする送信の方法

二　電子メールその他のその受信をする者を特定して情報を伝達するために用いられる電気通信（電気通信事業法2条1号に規定する電気通信をいう。以下この号において「電子メール等」という）の送信の方法（当該労働者が当該電子メール等の記録を出力することにより書面を作成することができるものに限る）

② 明示された労働条件と真実が相違している場合には，労働者は即時に労働契約を解除することができます。

　この場合，就業のために住居を変更した労働者が，契約解除の日から14日以内に帰郷するときには，使用者は必要な旅費を負担しなければなりません。

≪書面の交付による明示事項≫	≪口頭の明示でもよい事項≫
① 労働契約の期間	① 昇給に関する事項
② 有期労働契約を更新する場合の基準	② 退職手当の定めが適用される労働者の範囲
③ 就業場所・従事業務内容	
④ 始業・就業時刻	③ 臨時に支払われる賃金・賞与等について
所定労働時間を超える労働の有無	
休憩時間	④ 労働者に負担させるものがある場合その内容に関する事項
休日	
休暇	⑤ 安全・衛生に関する事項
交代制勤務の場合，就業時転換に関する事項	⑥ 職業訓練に関する事項
	⑦ 災害補償等に関する事項
⑤ 賃金の決定・計算・支払いの方法	⑧ 表彰，制裁に関する事項
賃金締切・支払い時期に関する事項	⑨ 休職に関する事項
⑥ 退職に関する事項（解雇の事由を含む）	

　パートタイマー（短時間労働）については，上表に加えパートタイム労働法により，昇給・退職手当・賞与の有無および雇用管理の改善等に関する事項に係る相談窓口について，文書の交付等による労働条件を明示することが必要です。

⑷　賠償予定の禁止（16条）

　労働契約の不履行について，あらかじめ，違約金を定めたり，損害賠償額を定める契約をすることはできません。

　これは労働者の責めに帰すべき事由により発生した現実の損害についてまで賠償請求することを禁じたものではありません。

⑸　解雇のルール（労働契約法16条）

　解雇は，客観的に合理的な理由を欠き，社会通念上相当であると認められない場合は，その権利を濫用したものとして，無効となります。

⑹　整理解雇の4要件（近年は4要素とされ，必ずしも満たす必要はなく，総合的に考慮して判断する傾向にあります）

　①　経営上の必要性

　　　倒産寸前に追い込まれているなど，整理解雇をしなければならないほどの経営上の必要性が客観的に認められていること

　②　解雇回避の努力

　　　配置転換，出向，希望退職の募集，賃金の引下げその他整理解雇を回避するために，会社が最大限の努力を尽くしたこと

　③　人選の合理性

　　　勤続年数や年齢など解雇の対象者を選定する基準が合理的で，かつ，基準に沿った運用が行われていること

　④　手続の妥当性

　　　整理解雇の必要性やその時期，方法，規模，人選の基準などについて，労働者側と十分に協議し，納得を得るための努力を尽くしていること

⑺　解雇制限（19条）

　①　労働者が業務上負傷したり，病気になった場合，その療養のために休業する期間およびその後30日間

　②　産前産後の女性が65条の規定によって休業する期間およびその後30日間

　　　ただし，使用者が81条の規定によって打切補償を支払った場合や，天災

事変その他やむを得ない事由により事業の継続ができなくなった場合はこの限りではありません。なお，天災事変その他やむを得ない事由による解雇については，その事由について所轄の労働基準監督署長の認定を受けなければなりません。

(8)　解雇の予告（20条）

　労働者を解雇しようとする場合は，少なくとも30日以上前に予告するか，30日分以上の平均賃金（解雇予告手当）を支払わなければなりません。

（例外）

《基本》 解雇予告等を行わずに解雇できる場合	左の場合でも次に該当するようになれば解雇予告または解雇予告手当の支払いが必要
イ　日々雇い入れられる者	イ　1か月を超えて引き続き使用されているとき
ロ　2か月以内の期間を定めて使用される者	ロ　当初の契約期間を超えて引き続き使用されているとき
ハ　季節的業務に4か月以内の期間を定めて使用される者	ハ　当初の契約期間を超えて引き続き使用されているとき
ニ　試の使用期間中の者	ニ　14日を超えて引き続き使用されているとき

(9)　退職時の証明（22条1項）

　労働者が退職の場合において，在職中の契約内容などについて証明書の交付を請求したときは，使用者は遅滞なく，これを交付しなければなりません。なお，労働者の請求しない事項を記入してはいけません。

　証明事項（労働者が請求した事項に限る）

　㋑　使用期間　㋺　業務の種類　㋩　当該事業における地位　㊁　賃金

　㋭　退職の事由（退職の事由が解雇の場合にあってはその理由を含む）

(10)　解雇理由の証明（22条2項）

　解雇の予告がされた日から退職の日までの間に，労働者がその解雇の理由に

ついて証明書を請求したときは，使用者は遅滞なく，これを交付しなければなりません。ただし，解雇の予告がされた日以後に，労働者が当該解雇以外の事由により退職したときは，使用者は，その労働者の退職日以降，上記の証明書を交付する必要はありません。

(11)　金品の返還（23条）

　労働者の死亡または退職の場合で，権利者の請求があった場合には，請求を受けた日から7日以内に，賃金を支払い，積立金，保証金，貯蓄金その他名称の如何を問わず，労働者の権利に属する金品を返還しなければなりません。なお，賃金または金品に関して争いがある場合には，異議のない部分を，その期間中に支払い，または返還しなければなりません。

（G-Net　公認会計士　松田 紘一郎）

(49) 定年を延長した場合の税制

従業員の定年を延長したものの，退職金の支払時期は延長前の旧定年時期に設定したままの場合，税務上留意することはありますか？

■ポイント

> 定年延長をした場合，その定年の延長決定がなされる前後のいずれの時期に入社したかどうかで退職所得に該当するか否かが変わるため，支払時期の設定には注意する必要があります。

A

1　定年時期と退職所得の取扱い

　　定年時期と退職金支払時期が一致している場合，次項2①の所得税法第30条1項によって従業員に支払われる退職一時金は退職所得となります。

　ところが，就業規則および退職金規程を改正し，定年を延長するものの，退職金の支払時期については従業員の生活設計などに鑑みて延長前の定年時期のままとする例があります。

　例えば，定年を60歳から65歳に延長しつつ，退職金については旧定年である60歳に達した日を基準として支給する場合です。

　この場合，定年の延長決定がなされる「前」に入社した従業員に対して支給するものについては，退職所得として取り扱うことになります。

　他方，定年の延長決定がなされた「後」に入社した従業員については，雇用の開始時点で定年を65歳として採用されるため，旧定年時に支払う退職一時金は，退職所得には該当しないこととなります。

　こうした定年延長に伴う退職一時金の取扱いに関し，延長決定「前」に入社した事案について高松国税局（2018年3月6日）が，延長決定「後」に入社した事案について熊本国税局（2019年1月10日）が，それぞれ文書回答を公表しています。

　前者は，就業規則改正に伴って行われる打切支給（旧定年時に支給される一時金）について，延長決定「前」に入社した従業員に対する関係では，一定の要件を満たせば下記所得税基本通達30-2（5）に定める「支払いをすることにつき相当な理由があると認められるもの」に該当する場合があると判断したものです。

　さらに，この場合の「相当の理由」の例として，定年延長により退職一時金

の支給時期が先延ばしされることで従業員の生活設計に不都合や不利益が生じるケースを挙げています。

　他方，後者は延長決定「後」に入社した従業員に対する関係では，旧定年時に支給される一時金は同基本通達の要件を満たさず，退職所得に該当しないと判断しました。

　両者の判断内容を表に示すと以下のとおりとなります。

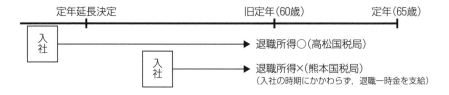

2　退職一時金の所得区分に関する法令

　こうした従業員の退職所得に関する税法の規定および通達は下記のとおりとなります。

　①　所得税法第30条第1項：

　退職所得とは，退職手当，一時恩給その他の退職により一時に受ける給与及びこれらの性質を有する給与に係る所得をいう。

　②　所得税基本通達30−1：

　退職手当等とは，本来退職しなかったとしたならば支払われなかったもので，退職したことに基因して一時に支払われることとなった給与をいう。したがって，退職に際し又は退職後に使用者等から支払われる給与で，その支払金額の計算基準等からみて，他の引き続き勤務している者に支払われる賞与等と同性質であるものは，退職手当等に該当しないことに留意する。

　③　所得税基本通達30−2：

　引き続き勤務する役員又は使用人に対し退職手当等として一時に支払われる給与のうち，次に掲げるものでその給与が支払われた後に支払われる退職手当等の計算上その給与の計算の基礎となった勤続期間を一切加味しない条件の下に支払われるものは，所得税基本通達30−1にかかわらず，退職手当等とする。

　⑴　新たに退職給与規程を制定し，又は中小企業退職金共済制度若しくは確

定拠出年金制度への移行等相当の理由により従来の退職給与規程を改正した場合において，使用人に対し当該制定又は改正前の勤続期間に係る退職手当金等として支払われる給与

(注)

1　上記の給与は，合理的な理由による退職金制度の実質的改変により精算の必要から支払われるものに限られるのであって，例えば，使用人の選択によって支払われるものは，これに当たらないことに留意する。

2　使用者が上記の給与を未払金等として計上した場合には，当該給与は現に支払われる時の退職手当等とする。この場合において，当該給与が二回以上にわたって分割して支払われるときは，令第七十七条《(退職所得の収入の時期》の規定の適用があることに留意する。

(2)　使用人から役員になった者に対しその使用人であった勤続期間に係る退職手当等として支払われる給与（退職給与規程の制定又は改正をして，使用人から役員になった者に対しその使用人であった期間に係る退職手当等を支払うこととした場合において，その制定又は改正の時にすでに役員になっている者の全員に対し当該退職手当等として支払われる給与で，その者が役員になった時までの期間の退職手当等として相当なものを含む。）

(3)　役員の分掌変更等により，例えば，常勤役員が非常勤役員（常時勤務していない者であっても代表権を有するもの及び代表権は有しないが実質的にその法人の経営上主要な地位を占めていると認められるものを除く。）になったこと，分掌変更等の後における報酬が激減（おおむね50％以上減少）したことなど，その職務の内容又はその地位が激変した者に対し，当該分掌変更等の前における役員であった勤続期間に係る退職手当等として支払われる給与

(4)　いわゆる定年に達した後引き続き勤務する使用人に対し，その定年に達する前の勤続期間に係る退職手当等として支払われる給与

(5)　労働協約等を改正していわゆる定年を延長した場合において，その延長前の定年（以下この(5)において「旧定年」という。）に達した使用人に対し旧定年に達する前の勤続期間に係る退職手当等として支払われる給与で，その支払をすることにつき<u>相当の理由があると認められるもの</u>

⑹ 法人が解散した場合において引き続き役員又は使用人として清算事務に従事する者に対し，その解散前の勤続期間に係る退職手当等として支払われる給与

3　医療機関側の会計処理

　就業規則および退職金規程を改正し，従業員の定年時期を延長するものの，退職金の支給時期については，定年延長前の定年時期のままとした場合，医療機関側の会計処理としては，原則として退職金として計上されることになります。

　しかし，就業規則および退職金規程の記載内容や具体的運用条件に不備があった場合，退職金には該当せず，賞与と認定される可能性があります。

　賞与となった場合，従業員に対する関係では退職金の場合と異なり，源泉徴収税額の金額が大幅に増加し，社会保険料も発生することになります。また，医療機関側においても，源泉徴収税額が増加することに加え，損金算入時期がズレる可能性もありますので，注意が必要です。

4　留　意　点

　以上のとおり，定年時期と退職金の支給時期が一致しない場合における退職所得の該当性については，当該従業員の入社時期が大きく影響することとなります。

　退職所得に該当するか否かにより，従業員側の税負担は異なりますので，就業規則および退職金規程を改正する際には，税務上の取扱いも併せて検討する必要があります。

　会社の継続性を考えると，定年時期の延長後，すなわち「定年時期と退職金支給時期が一致しなくなった後」に入社する従業員が時を追って増加することになり，税務上不利益を被る従業員の割合が増えますから，従業員の利益という観点からは，定年時期と退職金の支給時期は一致させたほうが無難と言えるでしょう。

（税理士法人照国総合事務所　税理士　内野 絵里子）

第4章

リスクヘッジ・諸則の整備

　この第4章では,「リスクヘッジの実務」と,「就業規則と関連諸則」の2区分に分けて示しました。
　改正・改革には,現状との乖離や新しい制度への不慣れ,誤解などによるリスクの発生がつきものであり,その法制に適法・適正に対応することは当然のことでしょう。そのためには就業規則を中心とした諸則の整備・適切な制度化も必然であり,13項目のQ&Aを,それぞれの末尾に示しました著者の専門的な知見をもとに次のように示してあります。
Ⅰ　リスクヘッジの実務
　50（1）リスクヘッジの一般的な法務対応
　51（2）内部通報制度
　52（3）パワーハラスメント
　53（4）セクシュアルハラスメント
　54（5）妊娠・出産・育児休業等に関するハラスメント
　55（6）メンタルヘルス対策
　56（7）医療事故対応
　57（8）未収請求事件対応
　58（9）奨学金対策
Ⅱ　就業規則と関連諸則
　59（10）就業規則の作成義務等
　60（11）モデル就業規則活用の留意点
　61（12）退職金規程
　62（13）就業規則に係る規程等
　特に60（11）のモデル就業規則は,医療法人個有の用語に変更して用いています。
　一部他と重複した記載もあるかもしれません。もとよりリスクの発生は,ほとんどが予測不可能なものでありますが,「重大事故・リスク」の予防は継続企業体（Going Concern）として事業継続性（BCP）にとっても不可避なことと申し添えます。

（G-Net　公認会計士　松田 紘一郎）

第4章　リスクヘッジ・諸則の整備／Ⅰ　リスクヘッジの実務

⑤⑥ リスクヘッジの一般的な法務対応

Q50 医療法人において想定される法律的なリスクの概要と，それらのリスクに対応するための一般的な対応・予防措置について教えてください。

■ポイント

> 医療法人が直面するリスクとしては対外的・対内的リスクがあり得ますが，いずれについても適切な事前の体制整備と，早期の専門家の関与が重要となります。

1　医療法人におけるリスク

　　医療法人の運営上起こりうるリスクとして，大きくは，①対外的リスクと，②対内的リスクに分けることができます。

　①　対外的リスクの具体例としては，

　　・患者対応：診療行為の過誤，施設内の事故，患者および親族からのクレーム対応（カルテ開示などを含む），診療費の未納など

　　・取引先業者（納入・工事業者）：施設設備の施工不良，業者の倒産など

　　・金融機関：融資対応（担保・返済条件見直しなど）

　　・行政対応：各種調査，立入り検査など

　②　対内的リスクの具体例としては，

　　・労務リスク：残業代請求，ハラスメント，人員確保

　　・法人のガバナンス：理事の不正，過剰設備投資，不正経理など

があげられます。

　リスクの内容は大変多岐にわたり，ケースバイケースでの対応が必要となりますが，一般的・共通的対応として下記の要素をあげることができます。

2　適切な人員管理・人員配置および社員教育

　患者と直接接するスタッフ，労務を管理する事務局など，適切な人員の配置と管理が最も重要です。特に，患者対応については初期対応を誤ると重大化・深刻化することもあり得るため，直接患者と対応する立場にあるスタッフの配置と適切な職員教育が極めて重要となります。また，トラブル発生時の報告系統など，担当職員の役割を事前に決めておくことも重要です。

3　意思疎通を図る

　メンタルヘルスの管理やハラスメントを防止し，良好な職場環境を維持するため，運営サイドおよび職員相互の意思疎通を適切に図ることは組織運営上極めて重要です。

　また，平成27年の医療法改正によって，役員の医療法人に対する損害賠償義務が明文化されたことから，従業員だけではなく，役員のガバナンスという点においても，役員間の意思疎通を密にし，理事会等を形骸化させず，実質的に機能させることが重要となります。

4　事実関係の確認と分析

　実際に法的トラブルを生じた場合，最終的には訴訟手続きなど，公的機関が入って解決を図ることになりますが，訴訟において最も重要な要素は証拠に基づいた事実関係の整理です。訴訟手続きを回避し，早期に円満な解決を図る場合であっても，事実関係の確認と分析作業は必要不可欠であり，そのための整理作業が重要となります。

　実際にトラブルが起こってから事実関係を整理しようとしても，記録化に慣れていないことから脱漏が起きる可能性があります。そのため，契約関係などは常日頃から書式や管理方法をマニュアル化して整備し，緊急時にすぐに確認ができるような状態にしておくことが望ましいと言えます。

5　早期に専門家に入ってもらう

　トラブルが発生した場合，特に患者対応などにおいては患者の感情を和らげようとして安易に事実関係を肯定し，あるいは逆に責任回避のために事実関係を隠蔽してしまうことがありえますが，いずれについても，トラブルを一段と深刻化させ，収拾がつかなくなってしまう可能性があります。

　初期段階から弁護士等が相手方と対応するかどうかは個別事情を見て判断することになりますが，少なくとも内部的には速やかに専門家に入ってもらい，対応を検討することが必要となります。この点については不正経理なども同様で，不正の判明時は速やかに専門家との協議を実施すべきです。

（弁護士法人照国総合事務所　弁護士　折田 健市郎）

(51)　**内部通報制度**

Q51　医療機関において内部通報制度を設ける目的は何ですか。また，内部通報制度を設けるにあたっての留意点を教えてください。

■ポイント

> 内部通報制度は，レポートラインを補完するものであり，これにより，早期の問題発見・是正を図ることが期待できます。内部通報制度を設けるにあたっては，通報窓口，事実確認のための調査，再発防止および通報者の保護等が有効に機能するよう留意し，これらを定めた社内規程を整備する必要があります。

A　**1　医療機関において内部通報制度を設ける目的**

　　　内部通報制度は，一般的には，通報の受付け，事実確認のための調査および調査結果に基づく是正措置・再発防止等からなる仕組みのことをいいます。

　医療機関の職員は自らが抱える問題について，院長，看護部長または事務長等への報告（レポートラインでの報告）では解決しないと判断した場合，マスコミ等への内部告発によって問題の解決を図る可能性があります。仮に真実でない内部告発がなされてしまった場合，医療機関にとって致命的な損害となることがあり得ます。このように内部通報制度は，レポートラインが機能不全に陥っている場合に職員からの通報を受け付け，通報内容を調査し，是正措置や再発防止を図っていくという意味で，レポートラインの情報提供機能を補完するものといえます。そして，内部通報制度によりリスクの早期発見・早期対応を図ることができれば，労働環境もよくなり，職員の退職率の改善や患者へのサービス提供にもよい影響が出ると考えられます。このように内部通報制度を設けることで，レポートラインのみでは早期に発見できなかった問題の発見・調査・是正措置を可能にすることが期待できます。

2　内部通報制度を設けるにあたっての留意点

⑴　規程の整備

　内部通報制度を設けるにあたっては，以下の項目についてどのように定めるか留意し，社内規程として整備する必要があります。なお，規程を整備するだ

けではなく，それを適切に運用していくことももちろん重要です。

ア　通報窓口：通報者の匿名性を確保する等通報のしやすさを考慮し，医療
機関の外部の法律事務所に通報窓口を担当させることがあります。

イ　通報者の範囲：通報者は，当該医療機関の職員であることが一般的です
が，退職者や取引先を含めることも考えられます。なお，2018年12月に公
表された公益通報者保護専門調査会の報告書によれば，通報者の範囲に退
職者を含めること等の議論がされていますので，公益通報者保護法の改正
動向にも留意する必要があります。

ウ　通報対象事実の範囲：通報対象事実は，公益通報者保護法で保護される
範囲では狭いので，法令違反や社内規則違反を広く通報対象事実とするこ
とも考えられます。

エ　事実確認，再発防止：利害関係のない者による調査，確認した事実に基
づく処分および再発を防止するための措置を図ることが重要です。

オ　通報者の保護：通報者の保護が十分でないと内部通報制度は機能しませ
んので，通報をしたことを理由として通報者に対し解雇等の不利益な処分
を行わないことを規程上で明確化することが考えられます。

また，通報に係る秘密保持の徹底も重要になりますが，通報の内容が通
報者と被通報者等特定の者しか知らない内容である場合には，調査の過程
で被通報者等に通報者が誰か判明してしまう可能性がありますので，この
点について事前に通報者に説明をしておくべきと考えられます。

(2)　レポートラインの再構築

内部通報制度は，情報提供機能を補完するための仕組みですので，リスク情
報がレポートラインを通じて適時・適切に報告される風通しのよい組織になる
よう，職務の内容や権限を見直し，本来のレポートラインが十分に機能するよ
う改善することも重要になります。

（鳥飼総合法律事務所　弁護士　岩崎 文昭）

⑸　パワーハラスメント

Q52　パワーハラスメントとは何ですか。パワーハラスメントと適正な指導との線引きはどのようにすればよいでしょうか。

■ポイント

> パワーハラスメントと適正な指導とを区別するにあたっては，裁判上，種々の要素が考慮されているようですが，医療機関の管理者としては，少なくともパワーハラスメントの行為類型に該当するような行為を行ってはなりません。

1　パワーハラスメントとは

(1)　定　　義

　パワーハラスメントは，2012年1月に公表された「職場のいじめ・嫌がらせ問題に関する円卓会議ワーキング・グループ」の報告書（以下「同報告書」という）では，「同じ職場で働く者に対して，職務上の地位や人間関係などの職場内での優位性を背景に，業務の適正な範囲を超えて，精神的・身体的苦痛を与える又は職場環境を悪化させる行為」と定義されています（注：2019年5月29日成立の改正労働施策総合推進法により，パワーハラスメントの内容が法律上明示されました（改正労働施策総合推進法第30条の2第1項））。

(2)　行為類型

　また，同報告書によると，パワーハラスメントの行為類型および具体的行為として，以下が挙げられています。もっとも，これらは例示であり，すべてを網羅するものではないとされています。

　①身体的な攻撃：暴行・傷害，②精神的な攻撃：脅迫・暴言等，③人間関係からの切り離し：隔離・仲間外し・無視，④過大な要求：業務上明らかに不要なことや遂行不可能なことの強制，仕事の妨害，⑤過小な要求：業務上の合理性なく，能力や経験とかけ離れた程度の低い仕事を命じることや仕事を与えないこと，⑥個の侵害：私的なことに過度に立ち入ること

(3)　措　　置

　現時点での法制度では，セクシュアルハラスメントや妊娠・出産・育児休業

等ハラスメントとは異なり，事業主の雇用管理上の措置は義務付けられていませんが，2019年5月29日成立の改正労働施策総合推進法により，雇用管理上の措置について法律上定められました。当該改正労働施策総合推進法は，同年6月5日に公布されており，2020年4月1日に施行される予定です（中小事業主には一部猶予あり）。

　当該改正労働施策総合推進法では，パワーハラスメント行為そのものは罰則等で禁止されていません。しかしながら，事業主が講ずべき措置を怠り，是正勧告を受けたにもかかわらず従わなかった場合，厚生労働大臣はその旨を公表することができることとされましたので，留意が必要です。

2　パワーハラスメントと適正な指導との線引き

　それでは，どのようなものが適正な指導といえ，パワーハラスメントにならないのでしょうか。適正な指導との線引きが問題となります。まず，業務上必要な指示や注意・指導が業務上の適正な範囲で行われている場合には，パワーハラスメントには該当しないことになります。一方，1(2)に記載のパワーハラスメントの類型に当たる具体的行為は，仮に業務に関連するものであったとしても，適正な範囲の指導とは言えません。この点，裁判例において，病院の健康診断の事務業務に従事していた事務職員の事務処理上のミス等に対して，時には厳しい指摘，指導をしたという事案につき，かかるミスは正確性の要求される医療機関においては看過できず，患者の生命，健康を預かる職場において，管理職が当然なすべき指示の範囲内であり，違法とはいえないとされたものがあり（東京地判平成21年10月15日），参考になります。その他，裁判例においては，パワーハラスメントと適正な範囲の指導との線引きにあたっての考慮要素として，行為の目的，態様，頻度，継続性の程度，被害者と加害者の関係性等が検討されているようです（白石哲『労働関係訴訟の実務（第2版）』商事法務，280頁）。

（鳥飼総合法律事務所　弁護士　岩崎 文昭）

(53) セクシュアルハラスメント

Q53 セクシュアルハラスメントとは何ですか。セクシュアルハラスメント
について，当医療機関はどのように対応したらよいでしょうか。

■ポイント

> 医療機関としては，セクシュアルハラスメント防止の観点から，
> 職員にその内容等を周知・啓発し，相談があった場合は事実確認
> および再発防止等の措置をとる必要があります。このような職場
> 環境への配慮は，働き方改革との関係でも重要となります。

A

1　セクシュアルハラスメントとは

　　セクシュアルハラスメントとは，職場において行われる，労働者の
意に反する性的な言動に対する労働者の対応によりその労働者が労働条件につ
いて不利益を受けたり，性的な言動により就業環境が害されることをいいます
（厚生労働省 都道府県労働局雇用環境・均等部（室）平成30年10月作成パンフ
レットNo.15）。

　セクシュアルハラスメントになり得る言動としては，性的な関係の強要と
いったものから，性的な冗談やからかい，食事やデートへの執拗な誘いという
ものまで，その態様はさまざまなものがあります。

　セクシュアルハラスメントは，「人事院規則10-10（セクシュアル・ハラス
メントの防止等）の運用について」にもあるように，特に相手がどのように思
うかということが重要になります。この点，医療機関の管理者としては，第三
者が見て客観的にはセクシュアルハラスメントだと思われるような言動はとっ
てはなりません。なぜなら，被害者がいやだと明確な意思表示をするとは限ら
ず，内心いやいやながらも力関係や人間関係から空気を読んで，話を合わせて
いるということがあり得るからです。また，このような職場環境への配慮は，
働きやすさにもつながり働き方改革との関係でも重要となります。

　セクシュアルハラスメント行為の違法性に関する判断要素として，「その行
為の態様，行為者である男性の職務上の地位，年齢，被害女性の年齢，婚姻歴
の有無，両者のそれまでの関係，当該言動の行われた場所，その言動の反復・
継続性，被害女性の対応等を総合的にみて，それが社会的見地から不相当とさ
れる程度のものである場合には，性的自由ないし性的自己決定権等の人格権を

侵害するものとして，違法となる」とした裁判例があり（名古屋高金沢支判平成8年10月30日），参考になります。

2　医療機関に求められる対応（男女雇用機会均等法11条関係）

　セクシュアルハラスメントを防止するために，事業主（使用者）が雇用管理上講ずべき措置が，厚生労働省の指針（いわゆるセクハラ指針）により定められていますので，事業主は，事前にこれらを定めこれらの定めに従った対応をとる必要があります。いわゆるセクハラ指針に定められている措置の概要は以下のとおりとなります（その他に男女雇用機会均等法等の改正にも留意）。

(1)　事業主の方針の明確化およびその周知・啓発

　①セクシュアルハラスメントの内容およびセクシュアルハラスメントがあってはならない旨の方針を明確化し，管理・監督者を含む労働者に周知・啓発すること。②セクシュアルハラスメントの行為者については，厳正に対処する旨の方針・対処の内容を就業規則等の文書に規定し，管理・監督者を含む労働者に周知・啓発すること。

(2)　相談（苦情を含む。以下同じ）に応じ，適切に対応するために必要な体制の整備

　③相談窓口をあらかじめ定めること。④相談窓口担当者が，内容や状況に応じ適切に対応できるようにすること。また，広く相談に対応すること。

(3)　職場におけるセクシュアルハラスメントに係る事後の迅速かつ適切な対応

　⑤事実関係を迅速かつ正確に確認すること。⑥事実確認ができた場合には，速やかに被害者に対する配慮の措置を適正に行うこと。⑦事実確認ができた場合には，行為者に対する措置を適正に行うこと。⑧再発防止に向けた措置を講ずること（事実が確認できなかった場合も同様）。

(4)　以上の措置と併せて講ずべき措置

　⑨相談者・行為者等のプライバシーを保護するために必要な措置を講じ，周知すること。⑩相談したこと，事実関係の確認に協力したこと等を理由として不利益な取扱いを行ってはならない旨を定め，労働者に周知・啓発すること。

（鳥飼総合法律事務所　弁護士　岩崎　文昭）

54 妊娠・出産・育児休業等に関するハラスメント

妊娠・出産・育児休業等に関するハラスメントとは何ですか。同ハラスメントについて当医療機関はどのように対応したらよいでしょうか。

■ポイント

> 医療機関としては，妊娠・出産・育児休業等に関するハラスメント防止の観点から，職員に内容等を周知・啓発し，相談があった場合は事実確認および再発防止等の措置をとる必要があります。こうした配慮は，働き方改革との関係でも重要となります。

1　妊娠・出産・育児休業等ハラスメントとは

(1) 定　　義

　妊娠・出産・育児休業等に関するハラスメントとは，職場において行われる上司・同僚からの言動（妊娠・出産したこと，育児休業等の利用に関する言動）により，妊娠・出産した女性労働者や育児休業等を申出・取得した男女労働者等の就業環境が害されることをいいます（厚生労働省　都道府県労働局雇用環境・均等部（室）平成30年10月作成　パンフレットNo.15）。

(2) 類　　型

　妊娠・出産・育児休業等に関するハラスメントには，「制度等の利用への嫌がらせ型」と「状態への嫌がらせ型」とがあります。働き方改革との関係でいえば，近年，生産年齢人口の減少や働くニーズの多様化等を背景に，就業機会の拡大や意欲・能力を存分に発揮できる環境の整備が重要な課題となっています。医療機関では夜勤もあり，妊娠中や育児中に各制度を利用する必要性は高いと考えられます。このような配慮がない場合は，退職率が高まり，人員配置等の施設基準を充足しなくなるおそれがありますので，特に留意が必要です。

2　医療機関に求められる対応（男女雇用機会均等法11条の２および育児・介護休業法25条関係）

　妊娠・出産・育児休業等に関するハラスメントを防止するために，事業主（使用者）が雇用管理上講ずべき措置が，厚生労働省の指針により定められていますので，事業主は，事前にこれらを定め，これらの定めに従った対応をと

る必要があります。厚生労働省の指針に定められている措置の概要は以下のとおりとなります（下線部分（筆者による）は，セクシュアルハラスメントの防止に関する措置と異なる点になります。その他に男女雇用機会均等法等の改正にも留意）。

(1)　事業主の方針の明確化およびその周知・啓発

　①妊娠・出産・育児休業等に関するハラスメントの内容および<u>妊娠・出産・育児休業等に関する否定的な言動が職場における妊娠・出産・育児休業等に関するハラスメントの発生の原因や背景となり得ること</u>，妊娠・出産・育児休業等に関するハラスメントがあってはならない旨の方針ならびに<u>制度等の利用ができる旨</u>を明確化し，管理・監督者を含む労働者に周知・啓発すること。②妊娠・出産・育児休業等に関するハラスメントの行為者については，厳正に対処する旨の方針・対処の内容を就業規則等の文書に規定し，管理・監督者を含む労働者に周知・啓発すること。

(2)　相談（苦情を含む。以下同じ）に応じ，適切に対応するために必要な体制の整備

　③相談窓口をあらかじめ定めること。④相談窓口担当者が，内容や状況に応じ適切に対応できるようにすること。また，広く相談に対応すること。

(3)　職場におけるハラスメントに係る事後の迅速かつ適切な対応

　⑤事実関係を迅速かつ正確に確認すること。⑥事実確認ができた場合には，速やかに被害者に対する配慮の措置を適正に行うこと。⑦事実確認ができた場合には，行為者に対する措置を適正に行うこと。⑧再発防止に向けた措置を講ずること（事実が確認できなかった場合も同様）。

(4)　<u>職場における妊娠・出産・育児休業等に関するハラスメントの原因や背景となる要因を解消するための措置</u>

　<u>⑨業務体制の整備など，事業主や妊娠等した労働者その他の労働者の実情に応じ，必要な措置を講ずること。</u>

(5)　以上の措置と併せて講ずべき措置

　⑩相談者・行為者等のプライバシーを保護するために必要な措置を講じ，周知すること。⑪相談したこと，事実関係の確認に協力したこと等を理由として不利益な取扱いを行ってはならない旨を定め，労働者に周知・啓発すること。

（鳥飼総合法律事務所　弁護士　岩崎　文昭）

55 メンタルヘルス対策

Q55 勤務時間の長い医師が「最近とても疲れる。辞めたい」とうつ状態になってしまいました。今後の対策とアドバイスをお願いします。

■ポイント

長時間労働からくるメンタルヘルスの問題を解決するため，医療従事者の勤務実態を確認し，就労環境の視点から病院として実施できることについて，専門家の知見を活用すべきです。

A まず，医師の就労環境の視点から整理してみましょう。

医師の長時間労働からくるメンタルヘルス問題については，休日取得や睡眠時間との関係があり，休日が少ないほど「うつ」になる頻度は高く，当直中の睡眠時間が６時間未満の場合に高くなるといわれています。

実際に休日については，月に４日以下しかとっていない医師は46％あり，医師の53％は，自身の体調不良について全く相談しないという報告があります。また，うつスクリーニングテストの結果，8.7％の勤務医がうつ状態になっているという報告も出ています（2016 Federation of Labor and Social Security Attorney's Associations All Rights Reserved）。

こうした現実を踏まえ，健康悪化を防止するためには，医師自身，職場上司，施設の産業保健スタッフ，他の相談機関が４つのケアを行う必要があります。

セルフケアとして医師がすべきこととしては，ストレスやメンタルに対する正しい理解，ストレスへの気づき，ストレスへの対処として気分転換が図れるものを持つこと等，悩みを１人で抱えないで自分自身の健康について意識することが大切です。

ラインケアとして職場の同僚や上司がするべきことは，職場環境等の把握と改善，医師からの相談への対応が大切です。

施設として産業保健スタッフがすべきことは，医師に対して，定期的にストレスチェックを実施し，早期にうつ状態を発見することが大切です。

勤務医負担軽減の責任者・委員会の設置や地域医療施設との連携，外来業務の分担，病院で必要十分な医師を確保することなども大切です。

施設外資源の利用としては，他の相談機関，治療施設を用意することや各都道府県にある医療勤務環境改善支援センターに相談するのも１つの方法です。

　実際，病院として早期離職リスクの対策ができていないものとしては，「当直の翌日は休日とする」であるとか，「地域医療施設との連携をする」であるとか，「社会保険労務士等の外部専門家の活用をする」などがあります（2019年3月28日　医師の働き方改革に関する検討会より）。

　医療従事者の働き方・休み方の改善としては，他職種との役割分担・連携，チーム医療の推進，医師事務作業補助者や看護補助者の雇用促進，勤務シフトの工夫，休暇取得の促進などが挙げられます。

　働きやすさ確保のための環境整備としては，院内保育所・休憩スペース等の整備，短時間正職員制度の導入，子育て中・介護中の者に対する残業の免除，暴力・ハラスメントへの組織対応，医療スタッフのキャリア形成の支援などです（「医療分野の「雇用の質」向上のための勤務環境改善マネジメントシステム導入の手引き」厚労省調査・研究班，2014年6月）。

　これらのことを，次のステップで段階的に進めることが紹介されています。

　　ステップ1　［方針表明］　取組方針を周知し，取組みスタート
　　ステップ2　［体制整備］　他職種による継続的な体制づくり
　　ステップ3　［現状分析］　客観的な分析により課題を明確化
　　ステップ4　［目標設定］　ミッション・ビジョンと現状から目標設定
　　ステップ5　［計画策定］　目標達成のための実施事項を決める
　　ステップ6　［取組みの実施］　1つひとつ着実で継続的な実践
　　ステップ7　［評価・改善］　成果を測定し，次のサイクルにつなげる
　（「医療分野の「雇用の質」向上のための勤務環境改善マネジメントシステム導入の手引き（平成30年改訂版）」厚労省調査・研究班，2018年3月）

　以上のステップから，「医療従事者の働き方・休み方の改善」や「働きやすさ確保の環境整備について」の取組みについて，医療労務コンサルタントや医業経営コンサルタントとともに考えてはいかがでしょうか。

（くまがい社会保険労務士事務所　社会保険労務士　熊谷一郎）

56　医療事故対応

医療法人において，診療行為の過程で医療事故が発生してしまった場合の対応について教えてください。

　■ポイント

> 医療行為の内容によって具体的な対応方法は分かれますが，いずれについても初動対応が重要となります。特に患者対応については，真摯な対応と，医学的に正確な説明を心がけるべきです。

1　初動対応について

　医療事故が起きた場合，初動対応が最も重要です。

　内部的には状況を確認し，時系列に沿った事実関係の整理が極めて重要となります。事前に危機管理をマニュアル化し，対応担当職員を決めておくことが重要と言えます。

　次に，外部的な患者対応については，誠意ある対応で信頼を得ることが必要です。客観的な経過と現在の状況については可能な限り正確に説明することを心がけましょう。

　医療事故といっても人の体に関連する事故である以上，その個人の状況に応じて重大性，程度は千差万別ですし，事故の原因・因果関係の有無も事案によって異なります。当然，重大事故ではあるものの，医療事故との因果関係がない，あるいは通常の臨床レベルでは予見および結果回避ができない事案もありますから，「どのような結果を生じたか」という結果の問題と，「その結果がなぜ生じたか（どうすればその結果を回避できたか）」という原因・因果関係の問題については，それぞれ整理して検討することが重要です。

2　対患者（被害者）

　最も重要なのは，真摯かつ誠意ある対応で信頼を得ることです。決して迎合的・過剰対応をする必要はありませんが，患者と家族は突然の事態で精神的な不安を抱えており，早期に真摯な対応を心がければ信頼関係の構築に成功する可能性が高くなります。また，説明の際に重要なのは「患者さんの現在の状況」と「患者さんに対して実施した医療行為」という客観的な事情の説明であり，明らかに医療過誤に起因する事情が存在する場合は，率直にその事情を説

明すべきです。また，原因が不明な場合，あるいは避けようのない経過をたどった場合も，患者の感情には配慮しつつ，その時点における医学的な分析と判断という見地から，正確な説明を行うことが重要です。

　初期段階で迎合的な対応を取ってしまった場合，後から「医学的には予見ができない，あるいは予見できても避けられなかった事故である」という結論が出たとしても，患者にそのことを説明して理解を得ることは非常に難しくなり，感情的になってしまう可能性があります。患者に対する真摯な対応と医学的に正確な説明は十分意識して区別することが重要です。

3　対保険会社

　現実的には金銭解決において保険適用が重要となりますから，保険会社との連携は早い段階から密に行うべきです。また，保険適用の前提として，保険金額の適用上限額については変動することがありますので，定期的に確認しておいたほうがよいでしょう。

4　原因分析について

　患者対応と並行して，原因分析が重要となります。当該患者に対する対応としても原因分析は不可欠ですが，今後の再発防止という点からも原因分析は非常に重要となります。正確な原因分析のためにも，通常から正確な記録の作成を心がける必要があります。

5　その他の制度について

　産科については，重大事故について産科医療補償制度が創設され，第三者機関による原因報告書が作成される運用となっています（概要は公表されます）。また，医療機関に過失がない場合であっても，産科医療補償制度から一定額（一時金・分割金を合わせて最大で3,000万円）の金銭補償がなされます。

　また，2015年には医療事故調査制度が設立され，死亡事故については報告が義務化されました（医療法第6条の10等）。この制度の目的は責任追及のためではないとされていますが，死亡事故が発生した場合は当該制度に基づいた適切な対応が必要です。

（弁護士法人照国総合事務所　弁護士　折田 健市郎）

⑤⑦　未収請求事件対応

Q57 患者さんが医療費を未納のまま来院せず，あるいは連絡が取れなくなってしまうことがありますが，このような場合における対応を教えてください。

■ポイント

> 最終的には訴訟手続きなどによって回収を図ることになります。法改正により時効期間は延長されますが，それぞれの要するコスト面も考慮しながら，具体的手続きを決定します。

A

1　未払の診療費

　医療法人の診療費については，大きく保険負担部分と自費負担部分に分けることが可能です。このうち，保険負担部分の回収リスクは比較的低いと言えますが，自費負担部分については保険適用の場合も最大3割，自由診療であれば全額について回収リスクを生じることになります。

　なお，保険証が切れていた場合は，7割部分について保険適用がなくなり，全額自費負担となりますので，患者側も医療機関側も注意が必要です。

　こうした未払いの診療費についても，通常の貸金や売買代金と同じように金銭的な請求権となります。

2　具体的な請求方法

　具体的な請求方法として，①内容証明などによる請求，②訴訟，③調停，が考えられます。まず，①の請求ですが，これは法律上「催告」と呼ばれる手続きに該当し，コスト的にも負担の小さい手続きと言えます。

　ただし，裁判手続きなどに比べて法律上の効力は弱く，請求を無視する相手方に対して強制的な効力を有するものではありません。また，後述の消滅時効との関係でも，消滅時効の完成を一定程度（催告時から6か月間）延長する効力はあるものの（改正後は「消滅時効の完成猶予事由」），時効を振出しに戻す（リセットする）効果はありません。「内容証明郵便を毎年送付すれば時効が止まり続ける」という誤解をもたれることがありますが，内容証明郵便にそこまでの効力は認められないので注意が必要です。

　次に，訴訟手続きについては，いわゆる通常の訴訟に加え，金額に応じて少

額訴訟，あるいは支払督促手続きという方法があります。

　法律上の手続きや効力がそれぞれ異なりますが，裁判を起こす場合「どこの裁判所で裁判をするか」という管轄が大きな問題となります。「支払督促」という手続きは裁判所を通じて支払を請求する比較的簡便な手続きとなりますが，相手方の住所地で起こす必要があります。また少額訴訟は年間の回数制限があります。いずれの手続きを選択するかは，手続費用とのバランスを考える必要がありますので，弁護士などの専門家と協議したほうが良いでしょう。

3　消滅時効について

　未収費用については，「いつまで請求が可能か」という問題があり，これがいわゆる時効の問題です。

　現在の法律では，医療費に関する時効期間は3年と定められており（現行民法170条1号），原則として医療費が発生してから3年以内に裁判などの手続きを起こす必要があります。裁判を提起すれば時効はリセットされ，判決確定後から再度時効が進むことになります（同157条2項）。また，相手が未収費用の存在を認め，承認したときも，その時点でリセットされます（同147条3号）。

　こうした時効制度については，債権法の改正により，2020年から新しい期間制度になります（なお，経過規定があり，改正法の施行後に発生した債権が対象となります）。具体的には，「権利を行使できることを知った時から5年，権利行使が可能な時から10年」となり（改正法166条1項1号，2号），通常は，医療機関においては医療行為が終われば権利行使できると考えられますので，5年の消滅時効期間となり，現在よりも延長されることになります。

　ただし，時効期間が延びたとしても，自動的に未収代金が回収されることにはなりませんので，まずは未収費用の発生を防止するように努め，その上で訴訟手続きなど，専門家と協議して回収を検討することが重要です。

　なお，医療費の未払いがあるからといって，それだけでは診療拒否事由には当たらないとされておりますので，診療拒否はできません。

　また，近年増加している外国人の未払い対策については内容が複雑となり，紙幅の関係で割愛しますが，今後の大きな課題として検討が必要です。

（弁護士法人照国総合事務所　弁護士　折田 健市郎）

㊹　奨学金対策

Q58　当医療法人では，看護学生に対して奨学金を支給し，当法人の運営する病院などに一定期間勤務することにより，返済義務を免除する制度を採用しています。この制度について問題点はないでしょうか。

■ポイント

> 労働基準法などに抵触しないよう，条件付きの金銭消費貸借契約とするなど，労働契約と切り離した措置を講じるべきです。また，免除に際しては税務的な検討も重要です。

A

1　制度の必要性

　多くの医療法人においては，優秀な人材を確保し，また学費の問題から学業を断念することがないよう，看護学校に在籍する学生に対して奨学金を支給し，卒業後一定期間の勤務後に一部または全部の返還義務を減免する制度が採用されています。

2　労基法との関係

　こうした制度については，奨学金・貸付金等の給付を受けた後で退職した元職員，あるいは一般企業で留学後に退職した職員等に対し，看護学校の学費や留学費相当額の返還を求めて訴訟で争われた事例があります。

　このような返還請求事例について，「使用者は，労働契約の不履行について違約金を定め，又は損害賠償額を予定する契約をしてはならない。」と規定する労働基準法16条，あるいは民法上の公序良俗違反（90条）との関係が問題になります。

　つまり，労基法16条の趣旨は，違約金の存在などが経済的な足かせとなり，労働者が労働契約の継続を強いられることを防ぐことにありますが，修学費用の返還規定はこの労基法16条（および民法90条）の趣旨に違反する無効な請求であり，雇用主側からの返還請求は認められないのではないか，という議論です。

　この点について最高裁判決はまだ出ておらず，裁判例も分かれていますが，大きな傾向として「本来本人が費用を負担すべき自主的な修学費用を貸与したものか」，あるいは「使用者が自社における能力開発の一環として業務命令で

修学させたものか」という要素，すなわち費用の性質および業務性の観点から判断する事例が多いといえます（返還を肯定した例として東京地裁平成9年5月26日付け判決，否定した例として東京地裁平成10年3月17日付け判決など）。

　そのため，奨学金制度についても，このような観点から対応を検討する必要があります。

3　具体的な方法

　上記の事情を踏まえた具体的な対応方法についてですが，奨学金などの提供が労働契約と結びついている場合，労働者（被貸与者）の自由意思を不当に拘束するものとして，労基法違反と認定されやすくなります。

　そのため，少なくとも純粋な貸金（金銭消費貸借）契約とした上で，「就職後の勤務期間に応じて段階的に免除」という形をとり，違約金ではなくあくまで貸金として構成すべきですし，中途退職時も一括返還ではなく年数比例の逓減措置を講じたほうが無難といえます。

　また，まだ雇用関係になく，将来の勤務を想定する学生に奨学金を貸与する場合と，既に雇用している職員を看護学校等に派遣する場合，後者のほうが業務性を肯定される可能性が高いと考えられます。そのため，賃金と奨学金を明確に分離して計算・管理する等の対応が重要です。

　さらに，公務員については留学費用について法律で規定が定められており（国家公務員の留学費用の償還に関する法律），復職後5年以内に毎月返還額が逓減する方式となっています。また，医学生については各種自治体で独自の奨学金制度を設けているところがあり，これらの公的な制度も参考になると考えられます。

　なお，免除措置が所得税法上の要件（同法9条15号ロ・ニおよび同施行令29条等）を満たさず，免除額が給与所得と認定されてしまうと雇用者・労働者の双方に税務面で不都合・不利益を生じる可能性があります。そのため，実際の規定作成および運用時には，法務面以外に，税務的な観点からも十分な検討を行うことが必要です。

（弁護士法人照国総合事務所　弁護士　折田 健市郎）

59 就業規則の作成義務等

Q59 就業規則を作成（変更）する場合の記載すべき事項やその手続き等について教えてください。

■ポイント

> 就業規則の作成・変更をする場合は，職員代表者の意見聴取，所轄労基署長への届出，職員への周知が義務化されていること。また周知が不十分な場合は変更が無効とされる可能性があること。

A

1　就業規則の作成・届出義務

常時10人以上の職員を使用する事業場は，就業規則を作成（労基法89条）して，事業場の過半数組合または過半数組合がない場合は職員の過半数代表者（以下「職員代表者等」という）の意見聴取（労基法90条１項），それを添付（労基法90条２項）して所轄労基署長に届出（労基法89条）をする義務があります。

2　記載事項

就業規則の作成に際しては，必ず記載しなくてはいけない「絶対的必要記載事項」（労基法89条１号～３号）と，ルールを定めている場合は記載しなくてはいけない「相対的必要記載事項」（労基法89条４号～10号）があります。

(1)　絶対的必要記載事項

記載事項	具体的内容
労働時間関係	始業および終業の時刻，休憩時刻，休日，休暇ならびに職員を二組以上に分けて交替に就業させる場合においては就業時転換に関する事項
賃金関係	賃金の決定，計算および支払方法，賃金締切および支払の時期ならびに昇給に関する事項
退職関係	退職に関する事項（解雇の事由も含む）

(2) 相対的必要記載事項

記載事項	具 体 的 内 容
退職手当関係	適用される職員の範囲，退職手当の決定，計算および支払いの方法ならびに退職手当の支払の時期に関する事項
臨時の賃金・最低賃金関係	臨時の賃金等（退職手当を除きます）および最低賃金額に関する事項
費用負担関係	職員に食費，作業用品その他の負担をさせることに関する事項
安全・衛生に関する事項	安全および衛生に関する事項
職業訓練関係	職業訓練に関する事項
災害補償・業務外の傷病扶助関係	災害補償および業務外の傷病扶助に関する事項
表彰・制裁関係	表彰および制裁の種類および程度に関する事項

(3) 任意的記載事項

　法令で定められていない事項でも，法人として職員の就業に関してルール（服務規定や試用期間等）を定めたい場合は，法令，当該事業場で適用される労働協約および公序良俗に反しない内容であれば任意に規定できます。

　なお，法令または労働協約に反する就業規則については，所轄労基署長はその変更を命ずることができるとされています（労基法92条）。

3　就業規則の周知

　就業規則の作成・変更をした場合は職員へ周知する義務（労基法106条1項）があり，その規定の効力発生は，職員に周知された時期以降となります。

(1) 周知方法（労基法106条1項，労基則52条の2）

　・常時各作業場の見やすい場所へ掲示し，または備え付けること

　・書面を職員に交付すること

　・磁気テープ，磁気ディスクその他これらに準ずる物に記録し，かつ，各作業場に職員が当該記録の内容を常時確認できる機器を設置すること

(2) 周知後，適用される日

　・施行時期が定められている場合　➡　その日

　・施行時期が定められていない場合　➡　周知された日

　周知のポイントは，「職員が知ろうと思えば知りうる状態に置かれた状態にあること」（職員が内容を知っているかどうかではない）です。例えば，上司の許可を経て就業規則を閲覧しなくてはいけないような状態にある場合は，周知されているとはいえません。

　就業規則の規定の有効性について，変更した内容が合理性を欠いていたり，周知が不十分な場合は，その変更が無効と判断されるケース（裁判例）もあります。特に賃金関係等の変更が無効となった場合は，遡って支払い義務が生じる等，経営上影響が大きいこともありえますので留意してください。

4　就業規則の変更手続き

⑴　一般的な変更

　就業規則の変更は，法人（使用者）が変更したい規定を変更して，一般的に次の流れで行われます。就業規則は労働契約の労働条件の内容となりますが，変更について職員の意見聴取は行うものの，合意までは求められていないため，法人の経営判断等において，一方的に変更できる性質があります。

⑵　不利益変更

　労契法９条により就業規則は，職員と合意することなく，就業規則を不利益に変更（以下「不利益変更」という）することにより，職員の不利益に労働契約の内容である労働条件を変更することはできないとされています。

　ただし，労契法10条の要件を満たす場合は，この限りではないとされており，不利益変更についての手続き等の流れは次頁のとおりとなります。

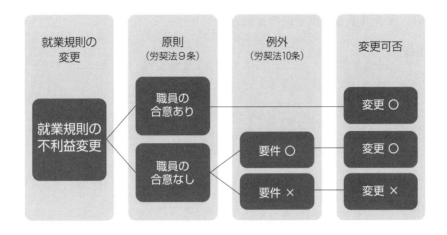

　使用者が就業規則の変更により労働条件を変更する場合において，労契法10条で求められる次のすべての要件を満たせば，当該変更後の就業規則が適用されることとなります。なお，賃金等の重要な労働条件の不利益変更については，「高度の必要性」が求められています。

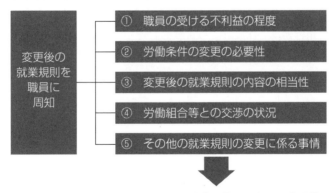

就業規則の変更が①～⑤に照らして合理的

（G-Net　特定社会保険労務士　原子 修司）

60 モデル就業規則活用の留意点

Q60 厚労省のモデル就業規則が無料で公表されているようですが，当法人の就業規則を，その内容に全面的に変更したいと考えています。その際の留意点等を教えてください。

■ポイント

> モデル就業規則の規定内容を理解せずに全面的に適用することはリスクがあること。就業規則は労働条件となることを認識しつつ，法人の実態に即した規定に変更して適用すること。

A **1　モデル就業規則の課題**

　厚労省のモデル就業規則（以下「モデル就業規則」という）については，適宜改正が行われており，2019年9月1日現在，2019年3月版が厚労省のWebサイトで公表されています。

　参照URL（https://www.mhlw.go.jp/content/000496428.pdf）

　同規則は網羅的に記載されており，条文解説等も参考になるとは思いますが，モデル就業規則で「本規則はあくまでもモデル例であり…（中略）…内容を十分検討するようにしてください。」と記載されているように，業種や規模を特定せず，汎用性が高く作成（法の基準を上回る労働条件もあり）されていることもあり，全面的に採用した場合に経営的にリスクがある（法人の実態に即していない）就業規則となる可能性があります。

　次にモデル就業規則の規定を一部抜粋して留意箇所を示します。

2　モデル就業規則の留意すべき規定例（一部）

(1)　適用範囲

　適用範囲について，モデル就業規則2条で次のように規定されています。

（適用範囲）
第2条　この規則は，＿＿＿＿＿＿株式会社の労働者に適用する。
　2　パートタイム労働者の就業に関する事項については，別に定めるところによる。
　3　前項については，別に定める規則に定めのない事項は，この規則を適用する。

　第2条3項をそのまま規定した場合，別に定める規則に定めがない事項は，パートタイム職員（以下「パート職員」という）についても，いわゆる正職員の就業規則を適用することになります。例えばパートタイム就業規則（以下「パート就業規則」という）を策定していない場合は，就業規則が全面的に適用されたり，パート就業規則に例えば「賞与」や「慶弔休暇」などが規定されていない場合は，正職員の就業規則の該当規定に基づいて，パート職員から法人に対して権利を主張される可能性があります。

　パート職員については，パート就業規則を策定せずに雇用契約書締結のみで運用している医療機関もありますが，法的効果（優先順位）は次のとおりとなっています。

　　　優先順位：①法令 ＞ ②労働協約 ＞ ③就業規則 ＞ ④労働契約

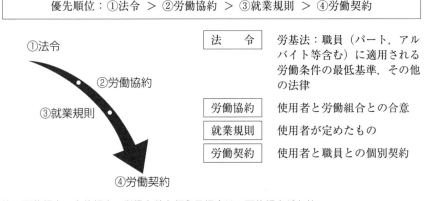

法　　令	労基法：職員（パート，アルバイト等含む）に適用される労働条件の最低基準，その他の法律
労働協約	使用者と労働組合との合意
就業規則	使用者が定めたもの
労働契約	使用者と職員との個別契約

注：下位規定で上位規定の労働条件を超える場合は，下位規定が有効

　つまり，パート就業規則を策定していない医療機関で，正職員の就業規則で「賞与は，6月および12月に支給する」と規定していた場合は，雇用契約書において，「賞与支給なし」で契約していたとしても，労働契約の「賞与支給なし」は無効（強行的効力）となり，正職員の就業規則の規定の適用（直律的効力）により，パート職員にも賞与の支給が必要となる可能性があります。

【ご参考】適用範囲の規定（例）

　正職員のみに適用されることを明確にした規定例を示します。また，第2条に定める職員それぞれの定義についても，明確にしておくとよいでしょう。

> （適用範囲）
> 第2条　この規則は，○章の手続きを経て採用された正職員に適用する。
> 　2　次の各号に該当する者は，別に定める規則によるものとする。
> 　（1）パートタイム職員
> 　（2）嘱託職員
> 　（3）医師職の職員
> 　（4）有期雇用契約職員又は労契法18条により無期雇用契約に転換した職員
> 　（5）法人が特別に定めた職員

(2)　始業および終業時刻の規定

　モデル就業規則17条では，始業および終業時刻の記載について次のように規定されています。

> （始業及び終業時刻の記録）
> 第17条　労働者は，始業及び終業時にタイムカードを自ら打刻し，始業及び終業の時刻を記録しなければならない。

　タイムカードの打刻時間が，そのまま始業時刻および終業時刻とされているため，実際に労働を行っていない時間も含めて労働時間としてカウントされる（誤解を生む）可能性があります。

【ご参考】出退勤の規定（例）

　タイムカードの打刻時間を出勤時刻および退勤時刻とした規定例を示します。

> （出退勤の記録）
> 第17条　職員は，出退勤の際にタイムカードを自ら打刻し，出勤および退勤の時刻を記録しなければならない。

注：労働時間管理は別の方法で行っていることを想定

(3)　割増賃金率の規定

　法定労働時間を超えて労働を行った場合等は，法令で定める割増率で算出した割増賃金を支払う必要があります（労基法37条1項，4項）。

項　　　目	割増賃金率
時間外労働（法定労働時間を超えた時間）	25％以上
休日労働（法定休日）	35％以上
深夜労働（午後10時〜午前５時）	25％以上
月60時間を超えた時間外労働※	50％以上

※中小医療機関（いわゆる中小企業）は，2023.3.31までは適用猶予

モデル就業規則38条では，割増賃金について次のように規定されています。

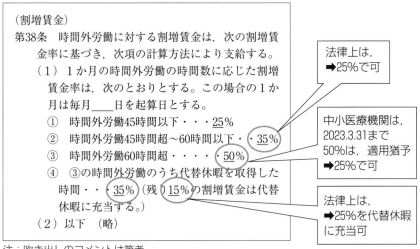

（割増賃金）
第38条　時間外労働に対する割増賃金は，次の割増賃
　　　金率に基づき，次項の計算方法により支給する。
　　（1）１か月の時間外労働の時間数に応じた割増
　　　　賃金率は，次のとおりとする。この場合の１か
　　　　月は毎月＿＿日を起算日とする。
　　　①　時間外労働45時間以下・・・25％
　　　②　時間外労働45時間超〜60時間以下・・35％
　　　③　時間外労働60時間超・・・・・50％
　　　④　③の時間外労働のうち代替休暇を取得した
　　　　時間・・35％（残り15％の割増賃金は代替
　　　　休暇に充当する。）
　　（2）以下　（略）

法律上は，
➡25％で可

中小医療機関は，
2023.3.31まで
50％は，適用猶予
➡25％で可

法律上は，
➡25％を代替休暇
に充当可

注：吹き出しのコメントは筆者

　前述のとおり，法令以上のものを就業規則に定めていれば，その規定が有効
となり，時間外労働の割増賃金をその割増率で算出して支払う義務が生じます。
　就業規則で規定した後に，規定の見直し・変更をする際に，労働条件の低下
が伴う場合は，不利益変更となるため職員の個別同意や変更について合理的な
理由等が必要となります（「Q59　就業規則の作成義務等」参照）。
　また，労基法の基準を理由とした労働条件の低下（例：35％から25％に変更）
は，合理的な理由には該当しません（労基法１条２項）ので留意してください。
　上述の例は一部ですが，モデル就業規則を活用する場合は，法令および自法
人の実態に即した規定となるように十分な検討が必要です。

（G-Net　特定社会保険労務士　原子 修司）

(61) 退職金規程

Q61 医療法人の退職金規程をつくりたいと思います。そのポイント，一般的な規程例を教えてください。

■ポイント

> 医療法人の職員退職金規程は，絶対的必要事項ですが，就業規則に別規程化することも可能で労働基準監督署への届出が必要です。

A

1　就業規則上の退職金規程

　就業規則第2条第1項の職員について，第50条の退職事案が生じたときの退職金の支給制度等について別に定める退職金規程によることとし，規定の整備により，雇用の安定を図ることが必要です。

　就業規則の退職金に係る規定は，絶対的必要記載事項でありますが，別に規程化することは可能です。しかし，そのことで当然ながら次のような留意事項が発生します。

① 　所轄労働基準監督署に届け出ること
② 　労使協定の改正条項（例えば職員代表者の了承）を遵守して行うこと
③ 　就業規則に「1条」を新たに設け，当法人の退職金の基本対応，その処置等は別に定める「退職金規程」によることを，その規定で明示すること
④ 　就業規則の改正，退職金規程の新設について，その理由を付して理事会，社員総会の承認をうること

なお，当然のことながら「不利益変更」とならないようにすべきです。

2　規程（一部）の例示

> （退職金の支給）
> 第×条　勤続＿＿年以上の労働者が退職し又は解雇されたときは，この章に定めるところにより退職金を支給する。ただし，自己都合による退職者で，勤続＿＿年未満の者には退職金を支給しない。また，懲戒解雇された者には，退職金の全部又は一部を支給しないことがある。
> 　2　継続雇用制度の対象者については，定年時に退職金を支給することとし，その後の再雇用については退職金を支給しない。

（退職金の額）

第×条　退職金の額は，退職又は解雇の時の基本給の額に，勤続年数に応じて定めた下表の支給率を乗じた金額とする。

勤続年数	支給率
5年未満	1.0
5年～10年	3.0
11年～15年	5.0
16年～20年	7.0
21年～25年	10.0
26年～30年	15.0
31年～35年	17.0
36年～40年	20.0
41年～	25.0

　2　第×条により休職する期間については，当法人の都合による場合を除き，前項の勤続年数に算入しない。

（退職金の額のポイント）

　本規程例では，退職金の額の算定は，退職又は解雇の時の基本給と勤続年数に応じて算出する例を示していますが，当法人に対する功績の度合い等も考慮して決定する方法も考えられることから，それぞれの医療法人の実情に応じて決めること。

（退職金の支払方法及び支払時期）

第×条　退職金は，支給事由の生じた日から＿＿＿か月以内に，退職した労働者（死亡による退職の場合はその遺族）に対して支払う。

（退職金の支払方法及び支払時期のポイント）

①　退職金の支払方法，支払時期については，それぞれの医療法人が実情に応じて定めること。

　　労働者が死亡した場合の退職金の支払については，別段の定めがない場合には遺産相続人に支払うものと解されること。

②　労働者の同意がある場合には，本人が指定する銀行その他の金融機関の

口座への振込により支払うことができる。また，銀行その他の金融機関が支払保証した小切手，郵便為替等により支払うこと。

③ 退職金制度を設けたときは，退職金の支払に充てるべき額について金融機関と保証契約を締結する等の方法により保全措置を講ずるよう努めなければならない（賃金の支払の確保等に関する法律第5条）。ただし，中小企業退職金共済制度や特定退職金共済制度に加入している場合はその必要がないこと。

（G-Net　医業経営コンサルタント　今村 顕）

コラム

医師の働き方改革実行計画

平成29年3月28日の医師の働き方改革に関する検討会では，現行制度で適用除外となっているものの取扱いについては，働く人の視点に立って働き方改革を進める方向性を共有したうえで，実態を踏まえて対応のあり方を検討する必要があるとして，医師については，時間外労働規制の対象とするか，医師法に基づく応召義務等の特殊性を踏まえた対応が必要です。具体的には，改正法の施行期日の5年後を目途（※1）に規制を適用することとし，医療界の参加の下で検討の場を設け，質の高い新たな医療と医療現場の新たな働き方の実現（※2）を目指し，2年後を目途に規制の具体的なあり方，労働時間の短縮策等について検討し，結論を得ることとされています。

（※1）規制適用は改正法の施行期日（2019.4.1）の5年後：2024.4.1を目途とする。

（※2）検討期限は（2017.3.28の実行計画策定から）2年後：2019.3末を目途とする。

さらに同日付の検討会報告書では，次頁に示すような，医師の時間外労働規制が厚生労働省医政局から示されました。

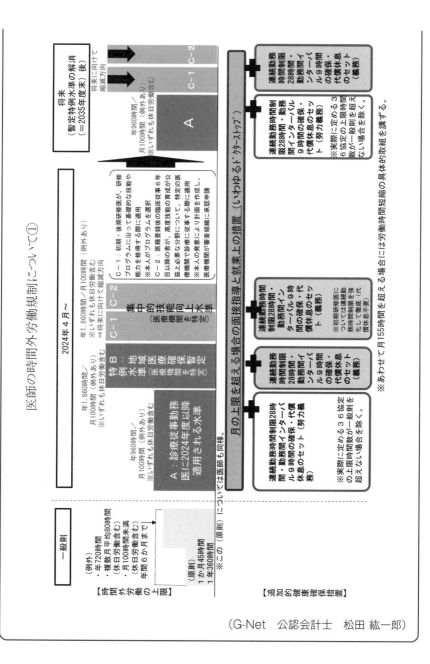

医師の時間外労働規制について①

（G-Net　公認会計士　松田 紘一郎）

62 就業規則に係る規程等

Q62 改正・就業規則により，それ本体に規定するもののほか，別に規程化が可能なもの，もしくは制度が必要と思われる主な規程等の骨格，ポイントを教えてください。

■ポイント

> 就業規則には，絶対的記載事項と相対的記載事項等があり，その中でも就業規則とともに別に規程化をしても良いもの，就業規則への策定を求め，または望ましいとしているものがあり，労働基準監督署長への届出が必要なものもあり注意すべきです。

A ### 1　別規程化が可能なもの

　次の8項目は，必ず就業規則の条文として記載し，そこで別の規程に委ねることを明示し，かつ労働基準監督署長への届出を条件に別規程化が可能です。

① 賃　　　　金→給与（賃金）規程
② 退　職　金→退職金規程
③ 表彰及び制裁→表彰・制裁規程
④ ハラスメント→ハラスメント規程
⑤ 変形労働時間→変形労働時間規程
⑥ 公益通報者保護→公益通報者保護規程
⑦ 育児介護休業→育児介護等に関する規程（省略）
⑧ パートタイム→パートタイム職員就業規程（省略）

2　個別規程

(1)　給与（賃金）規程

　モデル「就業規則」の第31条から第48条の次の条文になります。

・第31条（賃金の構成※）・第32条（基本給）・第33条（家族手当）
・第34条（通勤手当）・第35条（役付手当）・第36条（技能・資格手当）
・第37条（精勤手当）
　—第33条（家族手当）以下，4つの条で手当を示しましたが，住宅手当など各法人の実情に応じて制定もしくは別規程（細則）化が可能です。

- 第38条（割増賃金）―この具体的計算式を細則で決めることも可能
- 第39条（1年単位の変形労働時間制に関する賃金の精算）
- 第40条（代替休暇）　・第41条（休暇等の賃金）
- 第42条（臨時休業の賃金）　・第43条（欠勤等の取扱い）
- 第44条（賃金の計算期間及び支払日）　・第45条（賃金の支払（控除）
- 第46条（賃金の非常時払い）　・第47条（昇給）　・第48条（賞与）

(2)　退職金規程

モデル「就業規則」の第52条から第54条の次の条文になります。Q61を参照してください。

- 第52条（退職金の支給）・第53条（退職金の額）・第54条（退職金の支払方法及び支払時期）

(3)　表彰・制裁規程

モデル「就業規則」の第64条から第66条の次の条文になります。

- 第64条（表彰）
- 第65条（懲戒の種類）
- 第66条（懲戒の事由）

(4)　ハラスメント規程

モデル「就業規則」の第12条から第15条の次の条文になります。

- 第12条（職場のパワーハラスメントの禁止）・第13条（セクシュアルハラスメントの禁止）・第14条（妊娠・出産・育児休業・介護休業等に関するハラスメントの禁止）第15条（その他あらゆるハラスメントの禁止）

(5)　変形労働時間規程等（新「36協定」を含む）

モデル「就業規則」の第20条（休日）の，次の規定化によります。

- 〔例2〕1か月単位の変形労働時間制（隔週週休2日制を採用する場合）の規程例
- 〔例3〕1年単位の変形労働時間制の規程例

(6)　公益通報者保護規程

モデル「就業規則」の第13章（公益通報者保護）・第67条（公益通報者の保護）の条文になります。

（G-Net　公認会計士　松田　紘一郎）

第5章

資　料

第5章は本書の資料として，厚生労働省が公表した次の4つの（改正）「36協定」（記載例，記載心得を含む）を示します。

63（1）（改正）「36協定」　時間外労働・休日労働に関する協定届（一般条項）
　　様式第9号　https://www.mhlw.go.jp/content/000350344.docx
64（2）（改正）「36協定」　時間外労働・休日労働に関する協定届（特別条項）
　　様式第9号の2　https://www.mhlw.go.jp/content/000350345.docx
65（3）（改正）「36協定」　時間外労働・休日労働に関する協定届（適用猶予
　　期間中における，適用猶予事業・業務。自動車運転者，建設業，医師等。）様
　　式第9号の4　https://www.mhlw.go.jp/content/000350348.docx
66（4）（改正）「フレックスタイム制」　清算期間が1箇月を超えるフレック
　　スタイム制に関する協定届　様式第3号の3
　　Q15参照　https://www.mhlw.go.jp/content/000350343.docx

この第5章は，先にも示しました第4章のⅡ（就業規則と関連諸則）と一部で重複します。第1章から第4章にQ＆Aとして記載したそれぞれの専門家の知見の基盤となり，一部で重複しますが，実務でも必ず必要なものとなることを確信しております。自医療機関に合わせて，修正・加筆して用いてください。なお，ここで示しておりませんモデル就業規則と，掲示した4つの協定届は，それぞれに厚労省ホームページ・コードを示しておりダウンロードしてご使用ください。
　〔第4章Q60　モデル就業規則
　　https://www.mhlw.go.jp/content/000496427.doc
　（改正）モデル就業規則（2019）平成31年3月版）にあります。
　　　　　　　　　　　　　　　　（G-Net　公認会計士　松田 紘一郎）

188

63 （改正）「36協定」　時間外労働・休日労働に関する協定届（一般条項）様式第9号

３６協定届

(様式第9号（第1

◆ ３６協定で締結した内容を協定届（本様式）に転記して届け出て　　　　－ ３６協定届（本様式）を用いて３６t
ください。　　　　　　　　　　　　　　　　　　　　　　　　　　　　場合には、労働者代表の署名又は記
　　　　　　　　　　　　　　　　　　　　　　　　　　　　　　　　　　－ 必要事項の記載があれば、協定届様

表面

時間外労働 に関す
休日労働

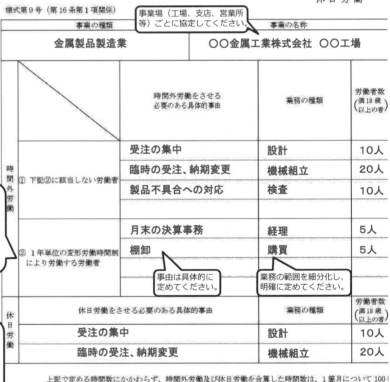

様式第9号（第16条第1項関係）

事業場（工場、支店、営業所等）ごとに協定してください。

事業の種類	事業の名称
金属製品製造業	○○金属工業株式会社　○○工場

		時間外労働をさせる必要のある具体的事由	業務の種類	労働者数（満18歳以上の者）
時間外労働	① 下記②に該当しない労働者	受注の集中	設計	10人
		臨時の受注、納期変更	機械組立	20人
		製品不具合への対応	検査	10人
	② 1年単位の変形労働時間制により労働する労働者	月末の決算事務	経理	5人
		棚卸	購買	5人

対象期間が３か月を超える１年単位の変形労働時間制が適用される労働者については、②の欄に記載してください。

事由は具体的に定めてください。

業務の範囲を細分化し、明確に定めてください。

休日労働	休日労働をさせる必要のある具体的事由	業務の種類	労働者数（満18歳以上の者）
	受注の集中	設計	10人
	臨時の受注、納期変更	機械組立	20人

労働者の過半数で組織する労働組合が無い場合には、３６協定の締結をする者を選ぶことを明確にした上で、投票・挙手等の方法で労働者の過半数代表者を選出し、選出方法を記載してください。
使用者による指名や、使用者の意向に基づく選出は認められません。

上記で定める時間数にかかわらず、時間外労働及び休日労働を合算した時間数は、1箇月について100

協定の成立年月日　○○○○年　3　月　12　日

協定の当事者である労働組合の名称（事業場の労働者の過半数で組織する労働組合）又は労働者の過半数を代

協定の当事者（労働者の過半数を代表する者の場合）の選出方法（　投票による選挙

○○○○年　3　月　15　日

○　○　　労働基準監督署長殿

届の記載例

（第16条第１項関係）

> 労働時間の延長及び休日の労働は必要最小限にとどめられるべきであり、労使当事者はこのことに十分留意した上で協定するようにしてください。
> なお、使用者は協定した時間数の範囲内で労働させた場合であっても、労働契約法第５条に基づく安全配慮義務を負います。

6協定を締結することもできます。その
記名・押印が必要です。
様式以外の形式でも届出できます。

◆ ３６協定の届出は電子申請でも行うことができます。
◆ （任意）の欄は、記載しなくても構いません。

する協定届

労働保険番号	□□□□□ □□ □□□□□□ □□ □□□□□
	都道府県 所掌 管轄 基幹番号 枝番号 統一括事業場番号
法人番号	□□□□□□□□□□□□□

> 労働保険番号・法人番号を記載してください。

事業の所在地（電話番号）	協定の有効期間
（〒○○○−○○○○） ○○市○○町１−２−３ （電話番号：○○○− ○○○○ − ○○○○ ）	○○○○年4月1日から1年間

> この協定が有効となる期間を定めてください。1年間とすることが望ましいです。

数
者）

所定労働時間 （1日） （任意）	延長することができる時間数					
	1日		1箇月（①については45時間まで、②については42時間まで）		1年 （①については360時間まで、②については320時間まで） 起算日 （年月日） ○○○○年4月1日	
	法定労働時間を超える時間数	所定労働時間を超える時間数（任意）	法定労働時間を超える時間数	所定労働時間を超える時間数（任意）	法定労働時間を超える時間数	所定労働時間を超える時間数（任意）
7．5時間	3時間	3．5時間	30時間	40時間	250時間	370時間
7．5時間	2時間	2．5時間	15時間	25時間	150時間	270時間
7．5時間	2時間	2．5時間	15時間	25時間	150時間	270時間
7．5時間	3時間	3．5時間	20時間	30時間	200時間	320時間
7．5時間	3時間	3．5時間	20時間	30時間	200時間	320時間

> 1年間の上限時間を計算する際の起算日を記載してください。その1年間においては協定の有効期間にかかわらず、起算日は同一の日である必要があります。

> 1日の法定労働時間を超える時間数を定めてください。

> 1か月の法定労働時間を超える時間数を定めてください。①は45時間以内、②は42時間以内です。

> 1年の法定労働時間を超える時間数を定めてください。①は360時間以内、②は320時間以内です。

数
者）

所定休日 （任意）	労働させることができる 法 定 休 日 の 日 数	労働させることができる法定 休日における始業及び終業の時刻
土日祝日	1か月に1	8：30〜17：30
土日祝日	1か月に1	8：30〜17：30

00時間未満でなければならず、かつ2箇月から6箇月までを平均して80時間を超過しないこと。☑
（チェックボックスに要チェック）

> 時間外労働と法定休日労働を合計した時間数は、月100時間未満、2〜6か月平均80時間以内でなければいけません。これを労使で確認の上、必ずチェックを入れてください。チェックボックスにチェックがない場合には、有効な協定届とはなりません。

代表する者の

	職名	検査課主任
	氏名 ）	山田花子

> 管理監督者は労働者代表にはなれません。

> 協定書を兼ねる場合には、労働者代表の署名又は記名・押印が必要です。

使用者	職名	工場長
	氏名	田中太郎

㊞

> 押印も必要です。

時間外労働 に関·
休 日 労 働

様式第9号（第16条第1項関係）

事業の種類	事業の名称

		時間外労働をさせる 必要のある具体的事由	業務の種類	労働者数 (満18歳 以上の者
時間外労働	① 下記②に該当しない労働者			
	② 1年単位の変形労働時間制 により労働する労働者			
休日労働	休日労働をさせる必要のある具体的事由		業務の種類	労働者数 (満18歳 以上の者

上記で定める時間数にかかわらず、時間外労働及び休日労働を合算した時間数は、1箇月について 100

協定の成立年月日　　　　　　年　　　月　　　　日

協定の当事者である労働組合（事業場の労働者の過半数で組織する労働組合）の名称又は労働者の過半数を代

協定の当事者（労働者の過半数を代表する者の場合）の選出方法（

　　　　　　　　　　　　　　　年　　　月　　　　日

労働基準監督署長殿

関する協定届

労働保険番号	□□□□□□□□□□□□□□
	都道府県　所掌　管轄　　基幹番号　　　　枝番号　被一括事業場番号
法人番号	□□□□□□□□□□□□□

事業の所在地（電話番号）		協定の有効期間
（〒　　─　　　）		
	（電話番号：　　─　　　─　　　）	

者数 :歳) の者)	所定労働時間 （1日） （任意）	延長することができる時間数						
		1日		1箇月（①については45時間まで、②については42時間まで）		1年（①については360時間まで、②については320時間まで）		
						起算日 （年月日）		
		法定労働時間を超える時間数	所定労働時間を超える時間数（任意）	法定労働時間を超える時間数	所定労働時間を超える時間数（任意）	法定労働時間を超える時間数	所定労働時間を超える時間数（任意）

者数 :歳) の者)	所定休日 （任意）	労働させることができる 法 定 休 日 の 日 数	労働させることができる法定 休日における始業及び終業の時刻

100時間未満でなければならず、かつ2箇月から6箇月までを平均して80時間を超過しないこと。□
　　　　　　　　　　　　　　　　　　　　　　　　　（チェックボックスに要チェック）

:代表する者の　職名
　　　　　　　　氏名
　　　　　　　）

　　使用者　　職名
　　　　　　　氏名　　　　　　　　　㊞

様式第９号（第 16 条第１項関係）（裏面）

（記載心得）

1 　「業務の種類」の欄には、時間外労働又は休日労働をさせる必要のある業務を具体的に記入し、労働基準法第 36 条第６項第１号の健康上特に有害な業務について協定をした場合には、当該業務を他の業務と区別して記入すること。なお、業務の種類を記入するに当たつては、業務の区分を細分化することにより当該業務の範囲を明確にしなければならないことに留意すること。

2 　「労働者数（満 18 歳以上の者）」の欄には、時間外労働又は休日労働をさせることができる労働者の数を記入すること。

3 　「延長することができる時間数」の欄の記入に当たつては、次のとおりとすること。時間数は労働基準法第 32 条から第 32 条の５まで又は第 40 条の規定により労働させることができる最長の労働時間（以下「法定労働時間」という。）を超える時間数を記入すること。なお、本欄に記入する時間数にかかわらず、時間外労働及び休日労働を合算した時間数が１箇月について 100 時間以上となつた場合、及び２箇月から６箇月までを平均して 80 時間を超えた場合には労働基準法違反（同法第 119 条の規定により６箇月以下の懲役又は 30 万円以下の罰金）となることに留意すること。

   （1）　「１日」の欄には、法定労働時間を超えて延長することができる時間数であつて、１日についての延長することができる限度となる時間数を記入すること。なお、所定労働時間を超える時間数についても協定する場合においては、所定労働時間を超える時間数を併せて記入することができる。

   （2）　「１箇月」の欄には、法定労働時間を超えて延長することができる時間数であつて、「１年」の欄に記入する「起算日」において定める日から１箇月ごとについての延長することができる限度となる時間数を 45 時間（対象期間が３箇月を超える１年単位の変形労働時間制により労働する者については、42 時間）の範囲内で記入すること。なお、所定労働時間を超える時間数についても協定する場合においては、所定労働時間を超える時間数を併せて記入することができる。

   （3）　「１年」の欄には、法定労働時間を超えて延長することができる時間数であつて、「起算日」において定める日から１年についての延長することができる限度となる時間数を 360 時間（対象期間が３箇月を超える１年単位の変形労働時間制により労働する者については、320 時間）の範囲内で記入すること。なお、所定労働時間を超える時間数についても協定する場合においては、所定労働時間を超える時間数を併せて記入することができる。

4 　②の欄は、労働基準法第 32 条の４の規定による労働時間により労働する労働者（対象期間が３箇月を超える１年単位の変形労働時間制により労働する者に限る。）について記入すること。なお、延長することができる時間の上限は①の欄の労働者よりも短い（１箇月 42 時間、１年 320 時間）ことに留意すること。

5 　「労働させることができる法定休日の日数」の欄には、労働基準法第 35 条の規定による休日（１週１日又は４週４休であること。）に労働させることができる日数を記入すること。

6 　「労働させることができる法定休日における始業及び終業の時刻」の欄には、労働基準法第 35 条の規定による休日であつて労働させることができる日の始業及び終業の時刻を記入すること。

7 　チェックボックスは労働基準法第 36 条第６項第２号及び第３号の要件を遵守する趣旨のものであり、「２箇月から６箇月まで」とは、起算日をまたぐケースも含め、連続した２箇月から６箇月までの期間を指すことに留意すること。また、チェックボックスにチェックがない場合には有効な協定とはならないことに留意すること。

8 　協定については、労働者の過半数で組織する労働組合がある場合はその労働組合と、労働者の過半数で組織する労働組合がない場合は労働者の過半数を代表する者と協定すること。なお、労働者の過半数を代表する者は、労働基準法施行規則第６条の２第１項の規定により、労働基準法第 41 条第２号に規定する監督又は管理の地位にある者でなく、かつ同法に規定する協定等をする者を選出することを明らかにして実施される投票、挙手等の方法による手続により選出された者であつて、使用者の意向に基づき選出されたものでないこと。これらの要件を満たさない場合には、有効な協定とはならないことに留意すること。

9 　本様式で記入部分が足りない場合は同一様式を使用すること。この場合、必要のある事項のみ記入することで差し支えない。

（備考）
1 　労働基準法施行規則第 24 条の 2 第 4 項の規定により、労働基準法第 38 条の 2 第 2 項の協定（事業場外で従事する業務の遂行に通常必要とされる時間を協定する場合の当該協定）の内容を本様式に付記して届け出る場合においては、事業場外労働の対象業務については他の業務とは区別し、事業場外労働の対象業務である旨を括弧書きした上で、「所定労働時間」の欄には当該業務の遂行に通常必要とされる時間を括弧書きすること。また、「協定の有効期間」の欄には事業場外労働に関する協定の有効期間を括弧書きすること。
2 　労働基準法第 38 条の 4 第 5 項の規定により、労使委員会が設置されている事業場において、本様式を労使委員会の決議として届け出る場合においては、委員の 5 分の 4 以上の多数による議決により行われたものである旨、委員会の委員数、委員の氏名を記入した用紙を別途提出することとし、本様式中「協定」とあるのは「労使委員会の決議」と、「協定の当事者である労働組合」とあるのは「委員会の委員の半数について任期を定めて指名した労働組合」と、「協定の当事者（労働者の過半数を代表する者の場合）の選出方法」とあるのは「委員会の委員の半数について任期を定めて指名した者（労働者の過半数を代表する者の場合）の選出方法」と読み替えるものとする。なお、委員の氏名を記入するに当たつては、任期を定めて指名された委員とその他の委員とで区別することとし、任期を定めて指名された委員の氏名を記入するに当たつては、同条第 2 項第 1 号の規定により、労働者の過半数で組織する労働組合がある場合においてはその労働組合、労働者の過半数で組織する労働組合がない場合においては労働者の過半数を代表する者に任期を定めて指名された委員の氏名を記入することに留意すること。
3 　労働時間等の設定の改善に関する特別措置法第 7 条の規定により、労働時間等設定改善委員会が設置されている事業場において、本様式を労働時間等設定改善委員会の決議として届け出る場合においては、委員の 5 分の 4 以上の多数による議決により行われたものである旨、委員会の委員数、委員の氏名を記入した用紙を別途提出することとし、本様式中「協定」とあるのは「労働時間等設定改善委員会の決議」と、「協定の当事者である労働組合」とあるのは「委員会の委員の半数の推薦者である労働組合」と、「協定の当事者（労働者の過半数を代表する者の場合）の選出方法」とあるのは「委員会の委員の半数の推薦者（労働者の過半数を代表する者の場合）の選出方法」と読み替えるものとする。なお、委員の氏名を記入するに当たつては、推薦に基づき指名された委員とその他の委員とで区別することとし、推薦に基づき指名された委員の氏名を記入するに当たつては、同条第 1 号の規定により、労働者の過半数で組織する労働組合がある場合においてはその労働組合、労働者の過半数で組織する労働組合がない場合においては労働者の過半数を代表する者の推薦に基づき指名された委員の氏名を記入することに留意すること。

64 （改正）「36協定」 時間外労働・休日労働に関する協定届（特別条項）様式第9号0

３６協定届の記事

（様式第9号の2（第

◆臨時的に限度時間を超えて労働させる場合には様式第9号の2の協定届の届出が必要です。
◆様式第9号の2は、
　・限度時間内の時間外労働についての届出書（1枚目）と、
　・限度時間を超える時間外労働についての届出書（2枚目）
　の2枚の記載が必要です。

◆３６協定で締結した内容を協定届
　ください。
　－ ３６協定届（本様式）を用いて３６協
　　その場合には、労働者代表の署名又は
　－ 必要事項の記載があれば、協定届様式

1枚目（表面）

時間外労働 に関
休日労働

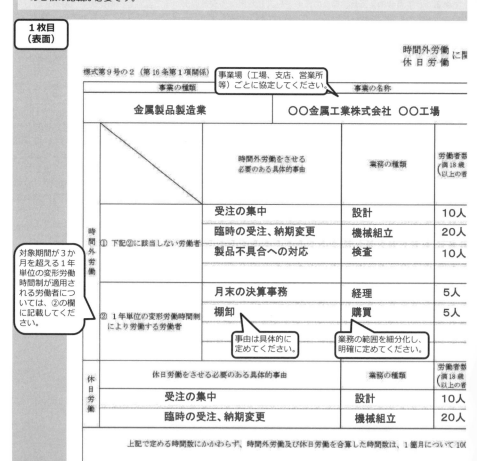

様式第9号の2（第16条第1項関係）

> 事業場（工場、支店、営業所等）ごとに協定してください。

事業の種類	事業の名称
金属製品製造業	○○金属工業株式会社　○○工場

> 対象期間が3か月を超える1年単位の変形労働時間制が適用される労働者については、②の欄に記載してください。

		時間外労働をさせる必要のある具体的事由	業務の種類	労働者数（満18歳以上の者
時間外労働	① 下記②に該当しない労働者	受注の集中	設計	10人
		臨時の受注、納期変更	機械組立	20人
		製品不具合への対応	検査	10人
	② 1年単位の変形労働時間制により労働する労働者	月末の決算事務	経理	5人
		棚卸	購買	5人

> 事由は具体的に定めてください。

> 業務の範囲を細分化し、明確に定めてください。

休日労働	休日労働をさせる必要のある具体的事由	業務の種類	労働者数（満18歳以上の者
	受注の集中	設計	10人
	臨時の受注、納期変更	機械組立	20人

上記で定める時間数にかかわらず、時間外労働及び休日労働を合算した時間数は、1箇月について100

載例（特別条項）

労働時間の延長及び休日の労働は必要最小限にとどめられるべきであり、労使当事者はこのことに十分留意した上で協定するようにしてください。
なお、使用者は協定した時間数の範囲内で労働させた場合であっても、労働契約法第５条に基づく安全配慮義務を負います。

（第16条第１項関係））

届（本様式）に転記して届け出て　　　◆３６協定の届出は電子申請でも行うことができます。
　　　　　　　　　　　　　　　　　　◆（任意）の欄は、記載しなくても構いません。
6協定を締結することもできます。
又は記名・押印が必要です。
様式以外の形式でも届出できます。

:関する協定届

労働保険番号	□□□□□ □□ □□□□□ □□□□□ □□ □□
	都道府県 所掌 管轄 基幹番号 枝番号 統一・被一括事業場番号
法人番号	□□□□□□□□□□□□□

労働保険番号・法人番号を記載してください。

事業の所在地（電話番号）	協定の有効期間
（〒 ○○○－○○○○） ○○市○○町１－２－３ （電話番号 :○○○－○○○○－○○○○）	○○○○年4月1日から1年間

この協定が有効となる期間を定めてください。1年間とすることが望ましいです。

		延長することができる時間数				
		1日	1箇月（①については45時間まで、②については42時間まで）		1年（①については360時間まで、②については320時間まで） 起算日（年月日）○○○○年4月1日	
働数 業 の者）	所定労働時間 （1日） （任意）	法定労働時間を超える時間数 / 所定労働時間を超える時間数（任意）	法定労働時間を超える時間数 / 所定労働時間を超える時間数（任意）		法定労働時間を超える時間数 / 所定労働時間を超える時間数（任意）	
人	7．5時間	3時間 / 3．5時間	30時間	40時間	250時間	370時間
人	7．5時間	2時間 / 2．5時間	15時間	25時間	150時間	270時間
人	7．5時間	2時間 / 2．5時間	15時間	25時間	150時間	270時間
、	7．5時間	3時間 / 3．5時間	20時間	30時間	200時間	320時間
、	7．5時間	3時間 / 3．5時間	20時間	30時間	200時間	320時間

1年間の上限時間を計算する際の起算日を記載してください。その1年間においては協定の有効期間にかかわらず、起算日は同一の日である必要があります。

1日の法定労働時間を超える時間数を定めてください。

1か月の法定労働時間を超える時間数を定めてください。①は45時間以内、②は42時間以内です。

1年の法定労働時間を超える時間数を定めてください。①は360時間以内、②は320時間以内です。

働数 業 の者）	所定休日 （任意）	労働させることができる 法定休日の日数	労働させることができる法定休日における始業及び終業の時刻
人	土日祝日	1か月に1日	8：30～17：30
人	土日祝日	1か月に1日	8：30～17：30

100 時間未満でなければならず、かつ2箇月から6箇月までを平均して 80 時間を超過しないこと。 ☑
（チェックボックスに要チェック）

時間外労働
休 日 労 働

様式第9号の2（第16条第1項関係）

事業の種類		事業の名称	

		時間外労働をさせる 必要のある具体的事由	業務の種類	労働 (満1 以上
時間外労働	① 下記②に該当しない労働者			
	② 1年単位の変形労働時間制 により労働する労働者			
休日労働	休日労働をさせる必要のある具体的事由		業務の種類	労働 (満 以

上記で定める時間数にかかわらず、時間外労働及び休日労働を合算した時間数は、1箇月につい

する協定届	労働保険番号	□□□□□□□□□□□□□□

		都道府県　所掌　管轄　　基幹番号　　　枝番号　被一括事業場番号
	法人番号	□□□□□□□□□□□□□

事業の所在地（電話番号）		協定の有効期間
（〒　　　−　　　　）		
	（電話番号：　　−　　　−　　　）	

所定労働時間 （1日） （任意）	延長することができる時間数					
	1日		1箇月（①については45時間ま で、②については42時間まで）		1年（①については360時間ま で、②については320時間まで）	
					起算日 （年月日）	
	法定労働時間を 超える時間数	所定労働時間を 超える時間数 （任意）	法定労働時間を 超える時間数	所定労働時間を 超える時間数 （任意）	法定労働時間を 超える時間数	所定労働時間を 超える時間数 （任意）

所定休日 （任意）	労働させることができる 法定休日の日数	労働させることができる法定 休日における始業及び終業の時刻

時間未満でなければならず、かつ2箇月から6箇月までを平均して80時間を超過しないこと。□
（チェックボックスに要チェック）

様式第９号の２（第 16 条第１項関係）（裏面）
（記載心得）

1　「業務の種類」の欄には、時間外労働又は休日労働をさせる必要のある業務を具体的に記入し、労働
基準法第 36 条第６項第１号の健康上特に有害な業務について協定をした場合には、当該業務を他の業
務と区別して記入すること。なお、業務の種類を記入するに当たつては、業務の区分を細分化すること
により当該業務の範囲を明確にしなければならないことに留意すること。

2　「労働者数（満 18 歳以上の者）」の欄には、時間外労働又は休日労働をさせることができる労働者の
数を記入すること。

3　「延長することができる時間数」の欄の記入に当たつては、次のとおりとすること。時間数は労働基
準法第 32 条から第 32 条の５まで又は第 40 条の規定により労働させることができる最長の労働時間
（以下「法定労働時間」という。）を超える時間数を記入すること。なお、本欄に記入する時間数にかか
わらず、時間外労働及び休日労働を合算した時間数が１箇月について 100 時間以上となつた場合、及び
２箇月から６箇月までを平均して 80 時間を超えた場合には労働基準法違反（同法第 119 条の規定によ
り６箇月以下の懲役又は 30 万円以下の罰金）となることに留意すること。

（１）　「１日」の欄には、法定労働時間を超えて延長することができる時間数であつて、１日について
の延長することができる限度となる時間数を記入すること。なお、所定労働時間を超える時間数に
ついても協定する場合においては、所定労働時間を超える時間数を併せて記入することができる。

（２）　「１箇月」の欄には、法定労働時間を超えて延長することができる時間数であつて、「１年」の
欄に記入する「起算日」において定める日から１箇月ごとについての延長することができる限度と
なる時間数を 45 時間（対象期間が３箇月を超える１年単位の変形労働時間制により労働する者に
ついては、42 時間）の範囲内で記入すること。なお、所定労働時間を超える時間数についても協定
する場合においては、所定労働時間を超える時間数を併せて記入することができる。

（３）　「１年」の欄には、法定労働時間を超えて延長することができる時間数であつて、「起算日」に
おいて定める日から１年についての延長することができる限度となる時間数を 360 時間（対象期間
が３箇月を超える１年単位の変形労働時間制により労働する者については、320 時間）の範囲内で
記入すること。なお、所定労働時間を超える時間数についても協定する場合においては、所定労働
時間を超える時間数を併せて記入することができる。

4 　②の欄は、労働基準法第 32 条の 4 の規定による労働時間により労働する労働者（対象期間が 3 箇月を超える 1 年単位の変形労働時間制により労働する者に限る。）について記入すること。なお、延長することができる時間の上限は①の欄の労働者よりも短い（1 箇月 42 時間、1 年 320 時間）ことに留意すること。

5 　「労働させることができる法定休日の日数」の欄には、労働基準法第 35 条の規定による休日（1 週 1 休又は 4 週 4 休であることに留意すること。）に労働させることができる日数を記入すること。

6 　「労働させることができる法定休日における始業及び終業の時刻」の欄には、労働基準法第 35 条の規定による休日であつて労働させることができる日の始業及び終業の時刻を記入すること。

7 　チェックボックスは労働基準法第 36 条第 6 項第 2 号及び第 3 号の要件を遵守する趣旨のものであり、「2 箇月から 6 箇月まで」とは、起算日をまたぐケースも含め、連続した 2 箇月から 6 箇月までの期間を指すことに留意すること。また、チェックボックスにチェックがない場合には有効な協定とはならないことに留意すること。

8 　協定については、労働者の過半数で組織する労働組合がある場合はその労働組合と、労働者の過半数で組織する労働組合がない場合は労働者の過半数を代表する者と協定すること。なお、労働者の過半数を代表する者は、労働基準法施行規則第 6 条の 2 第 1 項の規定により、労働基準法第 41 条第 2 号に規定する監督又は管理の地位にある者でなく、かつ同法に規定する協定等をする者を選出することを明らかにして実施される投票、挙手等の方法による手続により選出された者であつて、使用者の意向に基づき選出されたものでないこと。これらの要件を満たさない場合には、有効な協定とはならないことに留意すること。

9 　本様式で記入部分が足りない場合は同一様式を使用すること。この場合、必要のある事項のみ記入することで差し支えない。

（備考）
　　労働基準法施行規則第 24 条の 2 第 4 項の規定により、労働基準法第 38 条の 2 第 2 項の協定（事業場外で従事する業務の遂行に通常必要とされる時間を協定する場合の当該協定）の内容を本様式に付記して届け出る場合においては、事業場外労働の対象業務については他の業務とは区別し、事業場外労働の対象業務である旨を括弧書きした上で、「所定労働時間」の欄には当該業務の遂行に通常必要とされる時間を括弧書きすること。また、「協定の有効期間」の欄には事業場外労働に関する協定の有効期間を括弧書きすること。

200

**2枚目
（表面）**

時間外労働　に関する協
休日労働

様式第9号の2（第16条第1項関係）

臨時的に限度時間を超えて労働させることができる場合	業務の種類	労働者数（満18歳以上の者）	1日（任意）延長することができる	
			法定労働時間を超える時間数	所定労超え
突発的な仕様変更、新システムの導入	設計	10人	6時間	6.
製品トラブル・大規模なクレームへの対応	検査	20人	6時間	6.
機械トラブルへの対応	機械組立	10人	6時間	6.

事由は一時的又は突発的に時間外労働を行わせる必要のあるものに限り、できる限り具体的に定めなければなりません。
「業務の都合上必要なとき」「業務上やむを得ないとき」など恒常的な長時間労働を招くおそれがあるものは認められません。

業務の範囲を細分化し、明確に定めてください。

月の時の限度45時間時間）労働さを定めい。年に限り

限度時間を超えて労働させる場合にとる手続について定めてください。

限度時間を超えて労働させる場合における手続　労働者代表者に対する事前申し入れ

限度時間を超えて労働させる労働者に対する健康及び福祉を確保するための措置
（該当する番号）①、③、⑩
（具体的内容）対象労働者への職場での時短対

限度時間を超えた労働者に対し、裏面の記載心得1（9）①～⑩の健康確保措置のいずれかの措置を講ずることを定めてください。

上記で定める時間数にかかわらず、時間外労働及び休日労働を合算した時間数は、1箇月について1

協定の成立年月日　〇〇〇〇年　3月　12日

協定の当事者である労働組合の名称（事業場の労働者の過半数で組織する労働組合）又は労働者の過半数を代

協定の当事者（労働者の過半数を代表する者の場合）の選出方法（　投票による選挙
〇〇〇〇年　3月　15日

〇　〇　労働基準監督署長殿

労働者の過半数で組織する労働組合が無い場合には、36協定の締結をする者を選ぶことを明確にした上で、投票・挙手等の方法で労働者の過半数代表者を選出し、選出方法を記載してください。
使用者による指名や、使用者の意向に基づく選出は認められません。

臨時的な特別の事情がなければ、限度時間（月45時間又は42時間・年360時間又は320時間）を超えることはできません。限度時間を超えて労働させる必要がある場合でも、時間外労働は限度時間にできる限り近づけるように努めてください。

る協定届（特別条項）

> 1年間の上限時間を計算する際の起算日を記載してください。その1年間においては協定の有効期間にかかわらず、起算日は同一の日である必要があります。

		1箇月 （時間外労働及び休日労働を合算した時間数。100時間未満に限る。）			1年 （時間外労働のみの時間数。720時間以内に限る。） 起算日（年月日）　〇〇〇〇年4月1日		
	限度時間を超えて労働させることができる回数（6回以内に限る。）	延長することができる時間数及び休日労働の時間数		限度時間を超えた労働に係る割増賃金率	延長することができる時間数		限度時間を超えた労働に係る割増賃金率
きる時間数 定労働時間をえる時間数（任意）		法定労働時間を超える時間数と休日労働の時間数を合算した時間数	所定労働時間を超える時間数と休日労働の時間数を合算した時間数（任意）		法定労働時間を超える時間数	所定労働時間を超える時間数（任意）	
. 5時間	6回	90時間	100時間	35%	700時間	820時間	35%
. 5時間	6回	90時間	100時間	35%	600時間	720時間	35%
. 5時間	4回	80時間	90時間	35%	500時間	620時間	35%

> 時間外労働度時間（月間又は42を超えてさせる回数めてくだ年6回以内ります。

> 限度時間（月45時間又は42時間）を超えて労働させる場合の、1か月の**時間外労働と休日労働の合計の時間数**を定めてください。**月100時間未満**に限ります。なお、この時間数を満たしていても、**2〜6か月平均で月80時間**を超えてはいけません。

> 限度時間を超えて時間外労働をさせる場合の割増賃金率を定めてください。この場合、法定の割増率（25%）を超える割増率となるよう努めてください。

> 限度時間（年360時間又は320時間）を超えて労働させる1年の**時間外労働（休日労働は含みません）の**時間数を定めてください。**年720時間以内**に限ります。

> 限度時間を超えて時間外労働をさせる場合の割増賃金率を定めてください。この場合、法定の割増率（25%）を超える割増率となるよう努めてください。

り医師による面接指導の実施 、対象労働者に11時間の勤務間インターバルを設定、
対策会議の開催

00 時間未満でなければならず、かつ2箇月から6箇月までを平均して80時間を超過しないこと。
（チェックボックスに要チェック）☑

する者の　職名　**検査課主任**
氏名　**山田花子**
）

> 管理監督者は労働者代表にはなれません。

> 協定書を兼ねる場合には、労働者代表の署名又は記名・押印が必要です。

使用者　職名　**工場長**
氏名　**田中太郎**　　㊞㊞

> 押印も必要です。

> 時間外労働と法定休日労働を合計した時間数は、月100時間未満、2〜6か月平均80時間以内でなければなりません。これを労使で確認の上、必ずチェックを入れてください。チェックボックスにチェックがない場合には、有効な協定届とはなりません。

時間外労働
休 日 労 働 に関する協

様式第９号の２（第16条第１項関係）

臨時的に限度時間を超えて労働させることができる場合	業務の種類	労働者数 （満18歳 以上の者）	1日 （任意） 延長することができる| 法定労働時間を 超える時間数	所定労 超える （任
限度時間を超えて労働させる場合における手続				
限度時間を超えて労働させる労働者に対する健康及び 福祉を確保するための措置	（該当する番号）	（具体的内容）		

　　　上記で定める時間数にかかわらず、時間外労働及び休日労働を合算した時間数は、１箇月について100

協定の成立年月日　　　　　年　　　　月　　　　日

協定の当事者である労働組合（事業場の労働者の過半数で組織する労働組合）の名称又は労働者の過半数を代表す

協定の当事者（労働者の過半数を代表する者の場合）の選出方法（
　　　　　　　　　　　　年　　　　月　　　　日

　　　　　　　　　　労働基準監督署長殿

る協定届（特別条項）

		1 箇月 （時間外労働及び休日労働を合算した時間数。100 時間未満に限る。）				1 年 （時間外労働のみの時間数。 720 時間以内に限る。）			
						起算日 （年月日）		
きる時間数		延長することができる時間数 及 び 休 日 労 働 の 時 間 数				延長することができる時間数			
定労働時間を え る 時 間 数 （任意）	限度時間を超え て労働させるこ とができる回数 （6 回以内に限る。）	法定労働時間を超 える時間数と休日 労働の時間数を合 算した時間数	所定労働時間を超 える時間数と休日 労働の時間数を合 算した時間数 （任意）	限度時間を超 えた労働に係 る割増賃金率		法定労働時間を 超 え る 時 間 数	所定労働時間を 超 え る 時 間 数 （任意）		限度時間を超 えた労働に係 る割増賃金率

100 時間未満でなければならず、かつ 2 箇月から 6 箇月までを平均して 80 時間を超過しないこと。☐
（チェックボックスに要チェック）

代表する者の　職名
　　　　　　　氏名
　　　　　　　）

使用者　職名
　　　　氏名　　　　　　　㊞

204

様式第９号の２（第16条第１項関係）（裏面）
（記載心得）
1　労働基準法第 36 条第１項の協定において同条第５項に規定する事項に関する定めを締結した場合における本様式の記入に当たつては、次のとおりとすること。
（１）　「臨時的に限度時間を超えて労働させることができる場合」の欄には、当該事業場における通常予見することのできない業務量の大幅な増加等に伴い臨時的に限度時間を超えて労働させる必要がある場合をできる限り具体的に記入すること。なお、業務の都合上必要な場合、業務上やむを得ない場合等恒常的な長時間労働を招くおそれがあるものを記入することは認められないことに留意すること。
（２）　「業務の種類」の欄には、時間外労働又は休日労働をさせる必要のある業務を具体的に記入し、労働基準法第 36 条第６項第１号の健康上特に有害な業務について協定をした場合には、当該業務を他の業務と区別して記入すること。なお、業務の種類を記入するに当たつては、業務の区分を細分化することにより当該業務の範囲を明確にしなければならないことに留意すること。
（３）　「労働者数（満 18 歳以上の者）」の欄には、時間外労働又は休日労働をさせることができる労働者の数を記入すること。
（４）　「起算日」の欄には、本様式における「時間外労働・休日労働に関する協定届」の起算日と同じ年月日を記入すること。
（５）　「延長することができる時間数及び休日労働の時間数」の欄には、労働基準法第 32 条から第 32 条の５まで又は第 40 条の規定により労働させることができる最長の労働時間（以下「法定労働時間」という。）を超える時間数と休日労働の時間数を合算した時間数であつて、「起算日」において定める日から１箇月ごとについての延長することができる限度となる時間数を 100 時間未満の範囲内で記入すること。なお、所定労働時間を超える時間数についても協定する場合においては、所定労働時間を超える時間数と休日労働の時間数を合算した時間数を併せて記入することができる。
　　　　「延長することができる時間数」の欄には、法定労働時間を超えて延長することができる時間数を記入すること。「１年」にあつては、「起算日」において定める日から１年についての延長することができる限度となる時間数を 720 時間の範囲内で記入すること。なお、所定労働時間を超える時間数についても協定する場合においては、所定労働時間を超える時間数を併せて記入することができる。
　　　　なお、これらの欄に記入する時間数にかかわらず、時間外労働及び休日労働を合算した時間数が１箇月について 100 時間以上となつた場合、及び２箇月から６箇月までを平均して 80 時間を超えた場合には労働基準法違反（同法第 119 条の規定により６箇月以下の懲役又は 30 万円以下の罰金）となることに留意すること。
（６）　「限度時間を超えて労働させることができる回数」の欄には、限度時間（１箇月 45 時間（対象期間が３箇月を超える１年単位の変形労働時間制により労働する者については、42 時間））を超えて労働させることができる回数を６回の範囲内で記入すること。
（７）　「限度時間を超えた労働に係る割増賃金率」の欄には、限度時間を超える時間外労働に係る割増賃金の率を記入すること。なお、当該割増賃金の率は、法定割増賃金率を超える率とするよう努めること。
（８）　「限度時間を超えて労働させる場合における手続」の欄には、協定の締結当事者間の手続として、「協議」、「通告」等具体的な内容を記入すること。
（９）　「限度時間を超えて労働させる労働者に対する健康及び福祉を確保するための措置」の欄には、以下の番号を「（該当する番号）」に選択して記入した上で、その具体的内容を「（具体的内容）」に記入すること。
　　①　労働時間が一定時間を超えた労働者に医師による面接指導を実施すること。
　　②　労働基準法第 37 条第４項に規定する時刻の間において労働させる回数を１箇月について一定回数以内とすること。
　　③　終業から始業までに一定時間以上の継続した休息時間を確保すること。
　　④　労働者の勤務状況及びその健康状態に応じて、代償休日又は特別な休暇を付与すること。
　　⑤　労働者の勤務状況及びその健康状態に応じて、健康診断を実施すること。

⑥ 年次有給休暇についてまとまつた日数連続して取得することを含めてその取得を促進すること。

⑦ 心とからだの健康問題についての相談窓口を設置すること。

⑧ 労働者の勤務状況及びその健康状態に配慮し、必要な場合には適切な部署に配置転換をすること。

⑨ 必要に応じて、産業医等による助言・指導を受け、又は労働者に産業医等による保健指導を受けさせること。

⑩ その他

2 チェックボックスは労働基準法第 36 条第6項第2号及び第3号の要件を遵守する趣旨のものであり、「2箇月から6箇月まで」とは、起算日をまたぐケースも含め、連続した2箇月から6箇月までの期間を指すことに留意すること。また、チェックボックスにチェックがない場合には有効な協定とはならないことに留意すること。

3 協定については、労働者の過半数で組織する労働組合がある場合はその労働組合と、労働者の過半数で組織する労働組合がない場合は労働者の過半数を代表する者と協定すること。なお、労働者の過半数を代表する者は、労働基準法施行規則第6条の2第1項の規定により、労働基準法第 41 条第2号に規定する監督又は管理の地位にある者でなく、かつ同法に規定する協定等をする者を選出することを明らかにして実施される投票、挙手等の方法による手続により選出された者であつて、使用者の意向に基づき選出されたものでないこと。これらの要件を満たさない場合には、有効な協定とはならないことに留意すること。

4 本様式で記入部分が足りない場合は同一様式を使用すること。この場合、必要のある事項のみ記入することで差し支えない。

（備考）

1 労働基準法第 38 条の4第5項の規定により、労使委員会が設置されている事業場において、本様式を労使委員会の決議として届け出る場合においては、委員の5分の4以上の多数による議決により行われたものである旨、委員会の委員数、委員の氏名を記入した用紙を別途提出することとし、本様式中「協定」とあるのは「労使委員会の決議」と、「協定の当事者である労働組合」とあるのは「委員会の委員の半数について任期を定めて指名した労働組合」と、「協定の当事者（労働者の過半数を代表する者の場合）の選出方法」とあるのは「委員会の委員の半数について任期を定めて指名した者（労働者の過半数を代表する者の場合）の選出方法」と読み替えるものとする。なお、委員の氏名を記入するに当たつては、任期を定めて指名された委員とその他の委員とで区別することとし、任期を定めて指名された委員の氏名を記入するに当たつては、同条第2項第1号の規定により、労働者の過半数で組織する労働組合がある場合においてはその労働組合、労働者の過半数で組織する労働組合がない場合においては労働者の過半数を代表する者に任期を定めて指名された委員の氏名を記入することに留意すること。

2 労働時間等の設定の改善に関する特別措置法第7条の規定により、労働時間等設定改善委員会が設置されている事業場において、本様式を労働時間等設定改善委員会の決議として届け出る場合においては、委員の5分の4以上の多数による議決により行われたものである旨、委員会の委員数、委員の氏名を記入した用紙を別途提出することとし、本様式中「協定」とあるのは「労働時間等設定改善委員会の決議」と、「協定の当事者である労働組合」とあるのは「委員会の委員の半数の推薦者である労働組合」と、「協定の当事者（労働者の過半数を代表する者の場合）の選出方法」とあるのは「委員会の委員の半数の推薦者（労働者の過半数を代表する者の場合）の選出方法」と読み替えるものとする。なお、委員の氏名を記入するに当たつては、推薦に基づき指名された委員とその他の委員とで区別することとし、推薦に基づき指名された委員の氏名を記入するに当たつては、同条第1号の規定により、労働者の過半数で組織する労働組合がある場合においてはその労働組合、労働者の過半数で組織する労働組合がない場合においては労働者の過半数を代表する者の推薦に基づき指名された委員の氏名を記入することに留意すること。

㉖ （改正）「36協定」 時間外労働・休日労働に関する協定届（適用猶予期間中におけ

時間外労働
休日労働 に関

様式第9号の4 （第70条関係）

事 業 の 種 類	事 業 の 名 称

	時間外労働をさせる必要のある具体的事由	業務の種類	労働者数（満18歳以上の者）
① 下記②に該当しない労働者			
② 1年単位の変形労働時間制により労働する労働者			

休日労働をさせる必要のある具体的事由	業務の種類	労働者数（満18歳以上の者）

協定の成立年月日　　　　　年　　　　月　　　　日

協定の当事者である労働組合（事業場の労働者の過半数で組織する労働組合）の名称又は労働者の選

協定の当事者（労働者の過半数を代表する者の場合）の選出方法　（

　　　　　　　　　　年　　　　月　　　　日

労働基準監督署長殿

る，適用猶予事業・業務。自動車運転者，建設業，医師等。）様式第9号の4

:関する協定届

	事　業　の　所　在　地（電話番号）

	所定労働時間	延長することができる時間数		期間
		1日	1日を超える一定の期間（起算日）	
者）				

	所　定　休　日	労働させることができる休日並びに始業及び終業の時刻	期間
者）			

の過半数を代表する者の　職名
　　　　　　　　　　　　　氏名
　　　　　　　　　　　　　　　）

　　　　　　使用者　職名
　　　　　　　　　　氏名　　　　　　　　　　　㊞

様式第9号の4 （第70条関係）（裏面）

記載心得

1　「業務の種類」の欄には、時間外労働又は休日労働をさせる必要のある業務を具体的に記入し、務を他の業務と区別して記入すること。なお、業務の種類を記入するに当たつては、業務の区分を

2　「労働者数（満18歳以上の者）」の欄には、時間外労働又は休日労働をさせることができる労働

3　「延長することができる時間数」の欄の記入に当たつては、次のとおりとすること。
（1）　「1日」の欄には、労働基準法第32条から第32条の5まで又は第40条の規定により労働させ
　　　る時間数であつて、1日についての延長することができる限度となる時間数を記入すること。
（2）　「1日を超える一定の期間（起算日）」の欄には、法定労働時間を超えて延長することができ
　　　及び1年間についての延長することができる時間の限度に関して、その上欄に当該協定で定め
　　　それぞれ当該期間についての延長することができる限度となる時間数を記入すること。

4　②の欄は、労働基準法第32条の4の規定による労働時間により労働する労働者（対象期間が3箇
　　お、延長することができる時間の上限は①の欄の労働者よりも短い（1箇月42時間、1年320時間）

5　「労働させることができる休日並びに始業及び終業の時刻」の欄には、労働基準法第35条の規定
　　きる日並びに当該休日の労働の始業及び終業の時刻を記入すること。

6　「期間」の欄には、時間外労働又は休日労働をさせることができる日の属する期間を記入するこ

7　協定については、労働者の過半数で組織する労働組合がある場合はその労働組合と、労働者の過
　　働者の過半数を代表する者は、労働基準法施行規則第6条の2第1項の規定により、労働基準法第
　　者を選出することを明らかにして実施される投票、挙手等の方法による手続により選出された者で
　　は、有効な協定とはならないことに留意すること。

!入し、労働基準法第36条第6項第1号の健康上特に有害な業務について協定をした場合には、当該業
)区分を細分化することにより当該業務の範囲を明確にしなければならないことに留意すること。

る労働者の数について記入すること。

働させることができる最長の労働時間（以下「法定労働時間」という。）を超えて延長することができ
こと。
:ができる時間数であつて、労働基準法第36条第1項の協定で定められた1日を超え3箇月以内の期間
:で定められた全ての期間を記入し、当該期間の起算日を括弧書きし、その下欄に、当該期間に応じ、

引が3箇月を超える1年単位の変形労働時間制により労働する者に限る。）について記入すること。な
0時間）ことに留意すること。

の規定による休日（1週1休又は4週4休であることに留意すること。）であつて労働させることがで

すること。

者の過半数で組織する労働組合がない場合は労働者の過半数を代表する者と協定すること。なお、労
準法第41条第2号に規定する監督又は管理の地位にある者でなく、かつ同法に規定する協定等をする
た者であつて、使用者の意向に基づき選出されたものでないこと。これらの要件を満たさない場合に

(66)（改正）「フレックスタイム制」 清算期間が１箇月を超えるフレックスタイ

様式第３号の３（第 12 条の３第２項関係）

清算期間が１箇月を超え

事業の種類	事業の名称	事業の所
		（〒　　　－　　　）

業務の種類	該当労働者数	清算
		（

標準となる１日の労働時間	コアタイ
	～

協定の成立年月日　　　　　　年　　　月　　　日

協定の当事者である労働組合（事業場の労働者の過半数で組織する労働組合）の名称又は労働者の過半数を代表

協定の当事者（労働者の過半数を代表する者の場合）の選出方法（

年　　　月　　　日

労働基準監督署長殿

記載心得

1　「清算期間（起算日）」の欄には、当該労働時間制における時間通算の期間の単位を記入し、その起算日を

2　「清算期間における総労働時間」の欄には、当該労働時間制の清算期間において、労働契約上労働者が労働

3　「標準となる１日の労働時間」の欄には、当該労働時間制において、年次有給休暇を取得した際に支払われ

4　「コアタイム」の欄には、労働基準法施行規則第 12 条の３第１項第２号の労働者が労働しなければならな

5　「フレキシブルタイム」の欄には、労働基準法施行規則第 12 条の３第１項第３号の労働者がその選択により

ム制に関する協定届　様式第3号の3

を超えるフレックスタイム制に関する協定届

事業の所在地（電話番号）		常時雇用する労働者数	協定の有効期間
（電話番号：　　－　　　－　　　）			

清算期間（起算日）	清算期間における総労働時間
）	

コアタイム	フレキシブルタイム
～	～

を代表する者の　職名
　　　　　　　　氏名
　　　　　　　　　）

　　　　　使用者　職名
　　　　　　　　　氏名　　　　　　　㊞

算日を（　　　）内に記入すること。
が労働すべき時間を記入すること。
払われる賃金の算定基礎となる労働時間の長さを記入すること。
ならない時間帯を定める場合には、その時間帯の開始及び終了の時刻を記入すること。
により労働することができる時間帯に制限を設ける場合には、その時間帯の開始及び終了の時刻を記入すること。

《編著者紹介》

松田　紘一郎（まつだ　こういちろう）

1941年（昭和16年）9月1日生（熊本県出身）

（連絡先）

〒104−0031東京都中央区京橋3−6−8　茅ヶ紡ビル3F
松田公認会計士事務所　ＴＥＬ 03-5159-3377
　　　　　　　　　　　ＦＡＸ 03-5159-3741
Ｅ-メール　Matsuda@mmg-net.com
ホームページ　http://www.mmg-net.com

令和元年5月1日現在

（資　格）

公認会計士（第4769号）税理士（第30021号）医業経営コンサルタント（第01−0004号）

（学　歴）

昭和42年　専修大学　法学部卒業

（主な現職）

・松田紘一郎　税理士・公認会計士事務所　　　　　　　　　　所長
・㈱グロスネット（認定登録「医業経営コンサルタント法人001号」）　代表取締役会長
・公益財団法人　アイザワ記念育英財団　　　　　　　　　　　理事長（代表理事）
・公益社団法人　日本医業経営コンサルタント協会（JAHMC）認定審査会
　　　　　　　　　　　　　　　　　　　　　　　　　　　　　委員，相談役
・一般社団法人　日本中小企業経営支援専門家協会（JPBM）医業経営部
　　　　　　　　　　　　　　　　　　　　　　　　　　　　　理事・医業経営部会長

（主な団体等の委員）

・厚生労働省・厚生労働科学特別研究事業「病院会計準則見直し等に係る研究」専門家会議委員
　　　　　　　　　　　　　　　　　　　　　　　　　　　　　（平成14年7月〜15年3月）
・㈳日本医療法人協会　医療法人資金調達研究委員会　　委員長（平成14年4月〜15年10月）
・四病院団体協議会　医療法人会計基準検討委員会　　　委員（平成15年10月〜18年3月）
・JAHMC「医療費財源に関する検討会」　　　　　　　座長（平成21年11月〜23年3月）
・JAHMC「組織改革特別委員会」　　　　　　　　　　委員長（平成22年7月〜23年3月）
・JAHMC「医療機関等における税制改正提言検討会」　座長（平成26年8月〜26年9月）
・JAHMC「会員多層化構想検討委員会」　　　　　　　委員長（令和元年9月〜2年3月）

（主な著書）

・『医療法人会計基準に基づく　医療法人の経理規程』　（2018.7.25　中央経済社）
・『Ｑ＆Ａ地域医療連携推進法人の実務』　　　　　　　（2017.10.10　中央経済社）
・『早わかり医療法人制度改革・地域医療連携推進法人』（2017.1.10　中央経済社）
・『持分あり医療法人から非課税移行の実務』　　　　　（2012.4.26　じほう）
・『新しい医療法人制度の理解と実務のすべて』　　　　（2008.7.23　日本医療企画）
・『繁栄する診療所の開設と運営Ｑ＆Ａ』　　　　　　　（2006.5.17　じほう）
・『病院・医院運営の手続と文例書式』　　　　　　　　（2005.2.28　新日本法規出版）
・『病医院経営「3S実践」成功実例集』　　　　　　　 （2003.10.13　PHP研究所）

（論文）　多数

《監修者紹介》

一般社団法人　日本中小企業経営支援専門家協会（JPBM）

(Japan General Incorporated Association of Professionals for Medium and Small Sized Business Management Ltd)

一般社団法人日本中小企業経営支援専門家協会（JPBM）は，日本と地域の経済・雇用・文化を支える中小企業を支援する9士業の専門家の全国組織です。今般のAIやクラウド，グローバル化が加速度的に発達する現代社会において，また未だ経験したことがない我が国の少子高齢化にどう対処していくか。新たな専門家像および経営支援や事業支援の在り方が問われております。JPBMでは会員専門家の実務に直結する情報提供や研鑽の場を提供しつつ，会員と共に中小企業やオーナー支援を展開しております。また，地域医療法人への経営支援を，会員および専門企業と連携しながらノウハウの蓄積および具体的医業経営支援を展開しています。これからの地域経済を担う中小企業を多角的に支援しながら，地域活性化および専門家力の開発と，官・民・金（融）・専の新たな地域間連携の具体的アプローチを進めています。

■協会概要■

名　　称：一般社団法人日本中小企業経営支援専門家協会（JPBM）
設立日：平成21年7月9日（創設：昭和61年9月4日）
基　　金：20,150万円（平成29年4月現在）
代表者：代表理事　高田坦史（独立行政法人中小企業基盤整備機構 前理事長）
本　　部：〒101-0041東京都千代田区神田須田町1-2-1カルフール神田ビル9階
　　　　　電話03-3253-4711　FAX03-3526-3051
　　　　　http://www.jpbm.or.jp　Email:info@jpbm.or.jp

■JPBM医業経営部

特に地域医療機関に向けた支援を展開する「医業経営部（部長・松田紘一郎）」は，主に医業承継に強みを発揮しコンサルティングノウハウの開発・実務支援を推進しています。地域医療構想の推進や，持ち分なし医療法人への移行，第7次医療法改正に伴って大きく変わろうとしている地域医療機関の経営課題に，会員専門家（公認会計士，税理士，弁護士，社会保険労務士等）はもとより，金融機関や大手建設会社，医療機関関係者等のもつ高度な知価の提供をノウハウとして融合しながら，地域医療の継続や承継，連携等に貢献します。

担　　当：業務開発グループ　**若松　靖**

連絡先：同上

《著者紹介》

株式会社　グロスネット（G-Net）

・本社所在地　　　　　　〒104-0031　東京都中央区京橋3-6-8　茅ヶ紡ビル3F
　　　　　　　　　　　　ＴＥＬ 03-5159-3377　ＦＡＸ 03-5159-3741

・熊本テクノセンター　　〒862-0915　熊本県熊本市東区山ノ神1-8-77
　　　　　　　　　　　　ＴＥＬ 096-367-7111　ＦＡＸ 096-367-7831

・主な役員　代表取締役 会長　松田 紘一郎
　　　　　　代表取締役 社長　井上 輝生
　　　　　　取締役 事業部長　原子 修司

・公益社団法人　日本医業経営コンサルタント協会（JAHMC）
　認定登録（第001号）「医業経営コンサルタント法人」

・主な業務　イ　医業経営に係るコンサルティング業務
　　　　　　ロ　医業経営に係るクラウド情報提供業務
　　　　　　ハ　医業承継に係るコンサルティング業務
　　　　　　ニ　医療法人（持分あり，なし）のM&A業務
　　　　　　ホ　その他，医業経営支援業務

・本書の執筆にかかわった者
　（※1・2）　松田　紘一郎　Q＆A　12項目（公認会計士・税理士）
　（※1・3・5）原子　修司　Q＆A　11項目（特定社会保険労務士，MBA）
　（※1・4・5）今村　顕　Q＆A　1項目（学術・博士）

　　（注）※1　認定登録 医業経営コンサルタント
　　　　　※2　JAHMC相談役，認定審査会　委員
　　　　　※3　JAHMC総務委員会　委員
　　　　　※4　JAHMC支部支援委員会　委員
　　　　　※5　東京都医療勤務環境改善支援センター　医業経営アドバイザー

赤松　和弘（あかまつ　かずひろ）　　　　　　　　（Q & A　2項目）

Apro's税理士法人　税理士・認定登録 医業経営コンサルタント・AFP・証券外務員二種
公益社団法人　日本医業経営コンサルタント協会　大阪府理事・広報委員会委員
TKC全国会　医業・会計システム研究会　システム開発委員会　委員長他
クリニック・歯科・動物病院に特化した税務会計をはじめ，経営助言，ライフプランに基づく事業計画策定支援などを行う。また，会計で会社を強くするための啓蒙ドラマ「黒字化面リエキング」の企画・制作を行う（YouTubeにて配信中）。

岩崎　文昭（いわさき　ふみあき）　　　　　　　　（Q & A　4項目）

鳥飼総合法律事務所　弁護士・公認会計士
公認会計士第2次試験合格後，青山監査法人（Price Waterhouse）に入所。
早稲田大学政治経済学部卒。
米国公認会計士試験（ハワイ州）合格。
大宮法科大学院大学修了後，新司法試験合格。

（業務内容）
　　株式会社および非営利法人における内部統制の構築場面において，法務および会計の観点から助言を行っている。
（主な著書）
　　『Q&A医療法人を取り巻くリスクとコンプライアンス―ガバナンス強化と法務・税務・会計・労務　平成28年・29年施行医療法改正対応!!』（共著，一般社団法人　大蔵財務協会，2016年）

内海　真樹（うちうみ　まさき）　　　　　　　　　（Q & A　2項目）

内海真樹公認会計士事務所・代表
公認会計士・税理士・認定登録 医業経営コンサルタント
立教大学経済学部会計ファイナンス学科　卒業
筑波大学大学院ビジネス科学研究科　企業法学専攻　修了

（業務内容）
　　主に病院・クリニックに特化した会計監査，内部統制コンサルティング，税務顧問，事業承継コンサルティング等の価値あるサービスを提供し，クライアントの皆様の発展のためのお手伝いをしております。

（連絡先）
　　〒131-0032　東京都墨田区東向島2-47-13　第8安井ビル7F　電話番号　03-6657-0213

江口　万里（えぐち　まり）　　　　　　　　　（Q＆A　2項目）

公益社団法人日本医業経営コンサルタント協会　認定登録　医業経営コンサルタント（登録番号　第8142号）
管理栄養士
公益社団法人日本医業経営コンサルタント協会　神奈川県支部　教育研修副委員長
神奈川県医療勤務環境改善支援センター　医業経営アドバイザー登録
公益社団法人神奈川県栄養士会栄養ケア・ステーション登録

熊谷　一郎（くまがい　いちろう）　　　　　　　（Q＆A　2項目）

くまがい社会保険労務士事務所・代表
社会保険労務士・医業経営コンサルタント・医療労務コンサルタント・
両立支援コーディネーター・終活カウンセラー（上級）。
早稲田大学法学部卒，塩野義製薬株式会社勤務。
在職中に社会保険労務士資格を取得し開業。社労士業務の他，埼玉働き方改革推進センターでセミナー，企業訪問，中小企業相談窓口（商工会等）の働き方相談対応能力向上支援事業専門家，厚生労働省委託事業労働条件ホットライン相談員として活動。
所属学会：日本緩和医療学会，日本医業経営コンサルタント学会

くまがい社会保険労務士事務所　TEL/FAX：048-258-1435
　　　　　　　　　　　　　　　HP：http://www.kumagai-sr.com/

飛田　勝弘（とびた　かつひろ）　　　　　　　（Q＆A　13項目）

（略歴・資格）
　中央マネジメントサービス株式会社（略称「CMS」）代表取締役，認定登録医業経営コンサルタント（第4882号）。
　中央大学商学部会計学科卒，会計事務所，病院勤務後独立開業，現在に至る
（業務内容）
　病院，診療所および介護施設等の経営に関わるコンサルティング業務，病院，診療所および介護施設等の事業承継に関わるコンサルティング業務，M&A支援に関わるコンサルティング業務，経営組織運営に係わるコーチング業務，その他関連するコンサルティング業務
（団体等役職）
　公益社団法人日本医業経営コンサルタント協会　理事（2018年6月～現在）
　　　　同　　　　　　　　　　　　東京都支部　理事（1997年4月～2018年6月）
（主な著書）
　『病院のすべてがわかる！』（コンパッソ税理士法人編　共同執筆（株）ナツメ社　2017年）

東　健一郎（ひがし　けんいちろう）　　　　　　　　　　（Q＆A　4項目）

（連絡先）〒860-0846　熊本市中央区城東町2-1　3F
　　　　　弁護士法人 東法律事務所
　　　　　TEL　096-227-6677　FAX　096-227-6688
　　　　　HP：http://www.higashi-law.jp
（経　歴）平成11年3月　熊本大学法学部法律学科卒業
　　　　　平成14年11月　司法試験合格
　　　　　平成16年10月　弁護士登録
（現　職）弁護士法人 東法律事務所 所長弁護士
（資格等）1．日弁連中小企業法律支援センター運営委員会・事務局次長
　　　　　2．経営法曹会議・会員
　　　　　3．公益社団法人日本医業経営コンサルタント協会・認定医業経営コンサルタント（登録番号　第7011号）
　　　　　4．一般社団法人日本中小企業経営支援専門家協会・会員
（主な業務内容）事業承継・M＆A，コンプライアンス，労務管理，事業再生
（執筆等）1．『中小企業事業再生の手引き』（日本弁護士連合会日弁連中小企業法律支援センター編，商事法務）
　　　　　2．『中小企業のための金融円滑化法出口対応の手引き』（日本弁護士連合会日弁連中小企業法律支援センター編，商事法務）
　　　　　3．『早わかり医療法人制度改革・地域医療連携推進法人』（一部共同執筆，中央経済社）

弁護士法人照国総合事務所，税理士法人照国総合事務所　　（Q＆A　9項目）

執筆者
　弁護士　折田　健市郎（弁護士法人照国総合事務所所属）
　　　　　東京大学法学部卒　平成17年弁護士登録
　税理士　内野　絵里子（税理士法人照国総合事務所所属）
　　　　　早稲田大学商学部卒　平成18年税理士登録
　特定社会保険労務士　浦口　由佳（照国社会保険労務士事務所所属）
　　　　　鹿児島大学法文学部卒　平成17年社会保険労務士登録

照国総合事務所グループ
代表者　　弁護士　池田　洹
所在地　　〒892-0841　鹿児島県鹿児島市照国町13-41
　　　　　TEL　099-226-0100　FAX　099-226-0010

概　要　　弁護士（6名）・税理士（2名）・司法書士（1名）・社労士（1名）の各士業によるワンストップサービスを提供し，現在は鹿児島・福岡の2拠点体制で主に各種会社・医療法人の事業再編・事業承継業務に注力しております。

顧問先　　各種企業・地方公共団体・金融機関・学校法人・医療法人・マスコミなど約270社余

Q&A　医療機関の働き方改革

2020年1月1日　第1版第1刷発行

編著者　松　田　紘　一　郎
監修者　JPBM医業経営部
発行者　山　本　　　継
発行所　㈱中　央　経　済　社
発売元　㈱中央経済グループ
　　　　パ ブ リ ッ シ ン グ

〒101-0051　東京都千代田区神田神保町1-31-2
電話　03 (3293) 3371 (編集代表)
　　　 03 (3293) 3381 (営業代表)
http://www.chuokeizai.co.jp/
印刷／昭和情報プロセス㈱
製本／㈲井 上 製 本 所

© 2020
Printed in Japan